U0003712

LOCUS

LOCUS

LOCUS

LOCUS

Smile, please

Smile 66

仁慈的吸引力

Survival of the Kindest

作者：皮耶洛・費魯奇（Piero Ferrucci）
序言：達賴喇嘛
譯者：席玉蘋
責任編輯：湯皓全
封面設計：許慈力
出版者：大塊文化出版股份有限公司
台北市 105022 南京東路四段 25 號 11 樓
讀者服務專線：0800-006689
TEL：(02) 87123898　FAX：(02) 87123897
郵撥帳號：18955675　戶名：大塊文化出版股份有限公司
法律顧問：董安丹律師、顧慕堯律師
版權所有　翻印必究

Survival of the Kindest
Copyright© 2005 by Piero Ferrucci
Complex Chinese Edition Copyright©2005 by Locus Publishing Company
This edition arranged with Linda Michaels Ltd. (International Literary Agents)
Through Big Apple Tuttle-Mori Agency, Inc.
ALL RIGHTS RESERVED

總經銷：大和書報圖書股份有限公司　地址：新北市新莊區五工五路 2 號
TEL：(02) 89902588 (代表號)　FAX：(02) 22901658

初版一刷：2005 年 12 月
二版一刷：2009 年 9 月
三版一刷：2021 年 1 月

定價：新台幣 320 元
Printed in Taiwan

仁慈的吸引力

SURVIVAL OF THE KINDEST

PIERO
FERRUCCI 著
達賴喇嘛——序
席玉蘋——譯

目次

達賴喇嘛序

「我的宗教就是仁慈」

這本書深獲我心。皮耶洛·費魯奇將他心理諮商師的豐富經驗和我以爲根本的人性價值合而爲一，書寫出仁慈的重要。我尤其欣賞的，是他以仁慈爲泉源，從中流瀉出諸多正面人格特質的支流，例如誠實、寬恕、耐性、慷慨。這樣的書寫風格引人入勝，也鼓舞人心。

我相信，只要我們停下腳步靜靜思索，就能清楚看到，即使是今天，人類的生存是拜無數人的仁慈之賜。打從呱呱墜地，我們就在父母的慈愛關照下成長；到了晚年，面對衰老、病痛的折磨，我們還是得依賴他人的仁慈。如果在生命的起點和終點我們都得依賴他人的仁慈，難道我們不該在這中間的大段歲月仁慈待人嗎？年輕力壯，正是我們的大好機會。

要讓生命有意義，仁慈和悲憫之心是基本的要件。這兩者有如源頭，能讓快樂幸福泉湧不絕。它們也是一顆好心腸的基石，這顆心的所行所爲，無一不是出於幫助他人的想望。藉由仁慈，繼而藉由以熱情、誠實、眞心、公義對待所有人，我們的利益得以確保。這是常識。爲他人著想是値得的，因爲我們的快樂和旁人的快樂緊緊相繫，密不可分。同樣的，社會受苦受難，個人也跟著遭殃。反過來說，我們的心與腦越是充滿惡意，我們的生活就越不堪。因此，我們無從逃避仁慈和悲憫，因爲它們不可或缺。

仁慈能爲我們帶來溫暖的感受和開放的心胸，使得人我之間的交流更爲容易。它的運作是簡單而實際的。我們發現，所有的人就跟你我沒有兩樣，如此一來，體會他人的感受就變得輕易自然。這股同理心能爲人我間滋養出友朋般的情誼，我們無須隱藏心中感受，無須爲一己行爲遮掩。久而久之，戒愼恐懼、自我懷疑、不安全感會自動霧消雲散，別人也更容易信任我們。除此之外，越來越多的證據顯示，耕耘正面積極的心態，例如仁慈和悲憫，對心理健康和快樂有絕對的助益。

我們必須努力讓自我的生命創造價值，這是非常重要的。我們來到世間，並不是爲了惹事生非，傷害他人。而要讓生命有價值，我們必須培養良善的基本人性，例如溫暖、仁慈、悲憫。我很感激皮耶洛·費魯奇，他以豐富的實證，將這個道理闡釋得如此清楚。只要我們做得到，生命就有了意義，生活也更快樂、更祥和。如此，我們就是對世界做了正面的貢獻。

0 引言

仁慈——一種立場，一種生活方式

老太太連東西都懶得吃了。在世上孤零零的，她覺得所有的人都忘了她。她萬念俱灰，連吞嚥都困難。光是想到咀嚼食物就令她無法忍受。她把自己鎖在無聲的悲傷裡，一心等待死亡。

這時候，蜜黎娜闖了進來。蜜黎娜是我的姨媽。每天下午她都會四處巡視，照顧無家的遊民、安養院裡被遺忘的老人、被忽視的孩童、被社會放逐、適應不良的邊緣人、垂死掙扎的病人。她會想辦法讓他們開心點。

蜜黎娜遇到了那位不再吃東西的老太太。她對她說話，想引她開口。老太太以微弱的聲音說起她的兒女，說他們太忙無法照顧她，現在更是根本不來看她了。她沒有病。她只是因爲吃不下所以沒有力氣，又因爲沒有力氣所以吃不下東西。

蜜黎娜建議：「要不要來點冰淇淋？」很怪的點子，要一個奄奄一息的人吃冰淇淋。可是這點子奏了效。隨著一匙匙冰淇淋下口，雖然極緩極慢，老太太的氣色、聲音和活力都回復了幾分。

就這麼簡單，有如神來一筆：給無法進食的人容易入口的美味，很快就能讓她精神一振。不過，這個解釋只是部分。蜜黎娜會想到冰淇淋的辦法，是因爲她把老太太放在心上。因爲她看得出來，老太太需要的不只是食物，更是關懷和注意；這和我們所有的人需要的沒有兩樣，一如我們需要氧氣。老太太在吃到冰淇淋之前，先接收到了被理解的溫暖，而讓她的臉色恢復紅潤的不單是食物，更重要的，是一個簡單的仁慈舉動。

仁慈？或許我們連想到這個主題都會覺得荒謬。我們的世界充滿了暴力、戰爭、恐怖主義和毀滅。然而，生命之所以繼續，正是因爲我們以仁慈對待彼此。我們只是不以爲意，沒有替它大肆宣揚而已。明天沒有一家報紙會刊載某個母親爲孩子唸床邊故事、某個父親替家人準備早餐、什麼人專心傾聽別人說話、某個朋友替我們加油打氣、哪個陌生人幫忙我們提手提箱。可是如果我們仔細想想，會發現日常生活當中，仁慈處處可見。我們很多人都是仁慈的，只是連自己都不知道。我們做仁慈的事情，純粹是因爲那是對的。

我的鄰居尼可拉一向忙碌，可是他絕不錯過任何助人的機會。每當我或內人、孩子必須從我們位於鄉下的家前往機場，他立刻主動說要送我們去。之後他會替我們把車開回家，在車庫停好，如果我們要離家很久，他還會爲我們取出電池。等我們歸來，他會到機場接我們——不管是酷暑難當還是天寒地凍，他一定到。

他爲什麼要這麼做？是什麼驅使他花掉半天的工夫、不分晝夜地幫我們這個忙？他大可選擇其他更緊急或更有樂趣的事情去做。他大可把我們載到最近的火車站就好。可是他不；永遠是到府服務。只要他能力所及，他總會想辦法伸出援手。

這就是純粹、不涉利害關係的仁慈。這樣的事聽來或許特別，卻絕非特例。恰恰相反，它包含了諸多人際互動的因子。竊盜、謀殺我們時有耳聞，可是幸虧有尼可拉這樣的人，世界才能繼續轉動。我們生活的經緯是由關懷、同理心、互相服務這些纖維編織而成的。這些特質深植在日常事務當中，我們因此不曾留意。

接受仁慈對我們有好處。請你回想一樁別人曾經對你做過的仁慈舉動。它可大可小：一個爲你指點車站方向的路人，或是一個爲了讓你免於成爲波臣而縱身投入河中的陌生人。這件事對你可有什麼影響？這樣的影響八成是有益的，因爲如果有人在我們亟須幫助的時候伸出援手，我們會感到如釋重負。每個人都喜歡自己的心聲被聽到，喜歡受到溫暖友善的對待，喜歡被了解、被呵護。仁慈，讓我們的生命得到了救贖。

這種關係的另一面也有同樣的效果；施予仁慈和接受仁慈一樣，對我們的好處無分軒輊。如果你接受我在本書所勾勒的廣義的仁慈定義，你大可拍著胸脯保證，因爲科學研究在在證實過，仁慈的人比較健康長壽，比較受人歡迎、生產力較高，事業較爲成功，也比較快樂。換句話說，仁慈的人比較強健，勢必要比欠缺這種特質的人有個更有趣也更完滿的人生。仁慈的人等於有更好的裝備，去面對人生的詭譎莫測和驚濤駭浪。

不過，我已經聽到有人駁斥的聲音：如果是爲了自己的快樂和長壽而以仁慈待人，那麼我們豈不是扭曲了仁慈的本質？如果仁慈流於心機的計算、自我利益的考量，它就不再是仁慈。一點也不錯。仁慈本身就是它的目的，不能出於其他任何動機。仁慈眞正的好處就是居心仁慈。仁慈爲我們的生命帶來意義和價值，帶領我們超越煩惱和爭鬥，讓我們對自己滿意，重要性或許更甚於其他生命要素。

就某種意義而言，所有顯示仁慈好處的科學研究都是無用的——這些研究並不是有用的誘因，因爲仁慈唯一的誘因就是伸出援手的渴望、慷慨助人、關注別人生活而得的樂趣，除此之外別無其他。不過，從另一個角度觀之，這些研究還是具有非凡的重要性：有助於我們了解自己。如果體貼關懷、富同情心、開放心胸接納他人的人比較健康，這就表示我們的仁慈是與生俱來。推廣一層來說，任由敵意滋生或是抱恨終生，我們不可能達到最好的境界。而如果我們忽視或壓抑這些正面的特質，很可能既傷人也傷己。一如精神學者亞柏多．艾柏提（Alberto Alberti）所言，沒有表達出來的愛會變成恨，沒有盡情享受的喜悅會變成壓抑。是的，上蒼造人的時候，已經爲我們設計了一顆仁慈的心。

科學研究是了解自己的有用工具，不過並不是唯一且有決定性的工具。隨年齡而增長的智慧、偉大的藝術成就、個人一己的直覺，在在都有助於我們了解自己。我們後面會看到，仁慈具有種種不同的面向，它可以變成一場卓異的內心探險，徹底改變我們的思考模式和生活方式，讓我們快步趨向個人和心靈的成長。諸多關於性靈的傳統思惟都將仁慈和利他思想視爲是救贖或解脫的關鍵。例如，佛陀曾經列舉仁慈的好處，雪倫·薩茲柏（Sharon Salzberg）曾於她優美的著作《愛上仁慈》（*Loving Kindness*）中引述如下：如果你仁慈——

一、你會安然入睡。
二、你會容易甦醒。
三、你會有甜美的夢。
四、你會受人愛戴。
五、天神（神明）和動物都會愛你。
六、天神會保佑你。
七、外在的危險（毒藥、武器、烈火）不能傷你。
八、你會容光煥發。
九、你會心境澄明。

十、臨死之際一無所惑。

十一、你會重生於極樂世界。

在偉大的詩人眼裡，愛護天地萬物、與所有的生靈和諧共存乃生命的精髓，也是人生最大的勝利。例如，但丁在《神曲》中歷經了地獄和煉獄之旅，在目睹各種人性的扭曲和不快樂之後，他昇入天堂，趨近旅程的終點。在那朵神祕的玫瑰花當中，他看到一位「含笑的美女」——那就是聖母，女性的原型。根據某些譯者的闡釋，整部《神曲》其實是一趟發現之旅，是一個男人和他陰柔面及失去的靈魂重新聚合的過程，而這裡的靈魂指的就是這人的心，以及感受和愛人的能力。

殊途同歸的是，德國劇作家歌德在他畢生嘔心瀝血的巨作《浮士德》中得到了同樣的結論。根據浮士德和魔鬼訂下的契約，他必須在一生中找到某個讓自己的生存富有意義的時刻，否則就得永遠成爲魔鬼的俘虜。他在感官享樂的極致、錢財權勢的狂喜、科學知識的大夢中孜孜尋找快樂，可是一無所獲。最後，當他似乎喪失了一切，洋洋自得的魔鬼前來索取勝利，他卻在永恆的女性特質中找到了生命的完滿——愛、柔情和溫暖。

且讓我們回到現實。現在各位應該很清楚，我說的是眞正的仁慈。上蒼讓我們免於虛僞——出於自利的禮貌、工於心計的慷慨、流於浮面的禮數——，也讓我們不至淪於違反自我意願的仁慈。如果某個人幫我們的忙只是出於罪惡感的驅使，還有什麼比這個更尷尬的事？心理分析學界也提到另一種仁慈：暗藏著憤怒的仁慈，亦即一種「反向作用」（reaction formation）。想到自己滿心憤怒，我們就不免心煩意躁，因此我們在潛意識裡就壓抑這個陰暗面，刻意孜孜行善。可是，這是一種虛假、不自然的仁慈，和我們心底眞正在乎的毫無關聯。另外，脆弱有時候會以仁善的面具現身：你心裡很想說不，卻每每點頭答應；因爲想討好別人，所以隨波逐流；因爲害怕得罪人，所以節節退讓。一個太過鄉愿、凡事唯唯諾諾的人，到頭來會落得全盤皆輸。

所以，且讓我們揚棄所有這樣的仁慈。我的重點是：眞正的仁善是一種強韌、眞誠、溫暖的自然狀態。它是好幾種不同特質的交互作用，例如溫暖、信任、耐心、忠誠、感恩，不只一端。本書各章就是以每一種特質的角度來談仁慈，就像同一個音樂主題有不同的版本變化。這些特質缺一不可，否則仁慈既不眞誠，也欠缺信服力。反過來說，如果我們用心培養、發揚光大，每一種特質都足以促成心靈的改革，大大改變我們的生活。而這些特質一旦攜手合作，行動會更有效，成果也更豐厚。從這個觀點來看，仁慈不啻是心理健康的同義字。

仁慈和源出於它的各種特質好處多多，不一而足。爲什麼心存感恩的人做事較有效率？爲什麼有歸屬感的人比較不會垂頭喪氣？爲什麼爲別人著想的人較爲健康，信任別人的人比較長壽？爲什麼你微笑的時候別人會認爲你比較漂亮？爲什麼養寵物有益身心？爲什麼常跟別人聊天的老人較少罹患阿茲海默症？爲什麼受到較多愛與關懷的孩童比較健康也比較聰明？因爲這些態度和行爲都關乎仁慈，能讓我們更接近人生的目的和本質。它的道理其實基本之至：人我的關係越融洽，我們就越快樂。

我們後面會看到，仁慈有許多不同的面向，可是它的精髓卻是簡單已極。我們會發現，仁慈是一種無須太費力的處世之道。它是至爲經濟實惠的態度，因爲它省去了我們浪費在猜疑、憂慮、忿恨、鉤心鬥角或是無謂設防上的大量精力。這種態度是減法，將不必要的東西剝減殆盡，我們便能回歸到簡簡單單的本來面目。

仁慈關乎我們身上最柔軟、最親密的一面。它是我們的本性之一，可是這個層面往往往沒有充分表露——尤其是我們文化中的男性，女性亦然。這是因爲我們害怕自己脆弱的一面一旦曝光，我們會受苦受罪——我們會遭到攻訐、嘲笑或耍弄。可是我們後面會看到，我們之所以受苦受罪，反而是因爲不將仁慈表露於外。事實上，只要我們觸及了這個柔軟的核心，整個感情世界會變得生氣蓬勃，無數的可能性也隨之開啓。

只是，這個工作不見得容易。我們置身的文化常是敗事有餘，這是因爲人類身處於一種「全球冷化」當中。人際關係越來越冷漠，人與人的交流有如急就章，彷彿事不關己。利潤、效率之類的價值觀重要性日益升高，人情溫暖和實體接觸因而被犧牲。親情和友情受到磨難，越來越難持久。全球冷化處處有跡可尋，尤其當它化身爲日常生活的小災小厄而影響到我們的時候，更是明顯可見。

你打電話要找個人談話，結果聽到的是語音錄音，告訴你一大串選項。你停了車，發現停車場的服務員已經變成計費碼表。你等朋友寫信來，結果收到了電子郵件。你深深喜愛的農場不見了，水泥建築取而代之。你注意到，老年人得到的照顧和尊重今不如昔。你的醫生不聽你說話也不看你，只專心看檢驗結果。小孩子不再到後院玩球，只在電動遊戲的虛擬世界裡活動筋骨。另一方面，尋常生活的人情味日減一日，人情溫暖被當成了商品販售：家庭手工冰淇淋、古法烘焙的麵包、老奶奶桿製的麵條、彷彿讓你回到子宮的汽車、讓你有如當面對話的電話。

人類的感情不可能恆常不變；它的主調和重點會隨著世紀的變遷而異。現在，我們不妨來談談情感的歷史。我相信我們正經歷一場心靈的冰河時期，這個時期約莫始於工業時代，一直持續到如今的後工業年代。冰河時期的導因不一而足：新的生活情境和工作型態、科技的日新月異、大家庭的式微、將人們從出生地連根拔起的大批移民潮、價值觀的薄弱、現代世界的分崩離析和膚淺化，快馬加鞭的生活步調。

別誤會我；我並不是懷古戀舊。恰恰相反，我認為我們居住在一個很不平凡的世紀裡。想培養同理心、仁慈、對他人的關懷，我們擁有遠比以往任何時代都豐富的知識和工具，成功的機率也更大。話說回來，我們目前置身的冰河時期令人憂心。如果說它和憂鬱症和惶然無措這兩種流行病是聯手的盟友，我不會感到驚訝，因為這兩種心理疾病最可能的導因除了日益薄弱的歸屬感外，就是缺乏溫暖和一個令人安心、提供保護的社群。

仁慈本身看似微不足道，其實它是我們生活的中心要素。它的力量驚人，足以讓我們改心革面——說不定比任何心態或技巧的威力都大。阿爾多斯．赫胥黎（Aldous Leonard Huxley，1894-1963，英國作家及批評家）在研究各種旨在發揮「人類潛力」的哲學和技巧上堪稱先驅，他研究過林林總總的方法，例如吠陀哲學（印度最古老的宗教文學）、幻覺、勞筋動骨、靜坐冥思、催眠和禪學。他在生命告終前的一次演講中說：「常有人問我，轉化生命最有用的技巧是什麼。經過這麼多年的研究和實驗，我實在有點難爲情，可是我必須說，最好的答案就是——仁慈一點。」

這也是達賴喇嘛的哲學。他的座右銘：「我的宗教就是仁慈，」是我聽過最簡單、也最有效的話語。這就像心靈的相對論公式 $E=mc^2$，一個舉世皆準、包含了巨大的爲善潛能的原理，它貫穿所有的教條教義，邀請我們聚焦在一個基本主題，爲我們指引出一條走向解脫的康莊大道。

且慢。雖然無可懷疑，我們都心懷利他的念頭，但我們同時也是這個星球上最殘忍的物種。人類的歷史充滿了邪惡和恐怖。然而，如果就此認定人性唯善或唯惡，這種觀念既危險也失眞。原始人爲求生存而以暴力和欺壓手段互相爭鬥，這樣的影像有誤導之嫌；如果人類漫長的進化算是成功，那也是因爲我們仁慈。我們養育、呵護幼輩的時間，比任何哺乳動物都來得長。人類因爲懂得休戚與共，促成了彼此的溝通與合作。我們就是以這樣的方式面對橫逆、發揮智慧，善用多種資源。拜我們付出與收受的溫暖及關懷之賜，到目前爲止我們還是贏家——因爲我們會互相幫助。當此二十一世紀，一個仁慈的人在這個暴力充斥的世界裡並不是怪異的突變物種。無論男女，這人其實是個懂得將曾經有助於人類進化的諸多天賦發揮到極致的人。

無可諱言，活在一個仁慈的世界裡，我們會富足許多。仁慈以最廣博的定義觀之，是一種放諸四海皆準的藥方——它先治個人，因爲唯有具備關懷他人能力、愛自己的人才是健全的人。繼而治所有世人，因爲人際關係越融洽，我們就越快樂、越成功。

無論是何等程度的教育，仁慈都是基本的功課，因爲在溫暖、專注的氛圍中學習，要比在淡漠和壓抑的環境中學得更多更好。受到溫柔對待的小孩人格養成更健全，受到尊重和關注的學生進步更快。健康方面亦然，仁慈也是一個重要元素：受到同理心和關愛對待的病人痛苦較少，痊癒較快。

而商場上又如何呢？我們依然可以獲致同樣的結論。剝削勞工、破壞環境、欺瞞顧客、助長浪費風氣的企業短期內或許能獲利，長遠的競爭力則遠不如重視環保、不佔員工便宜、誠心爲客戶服務的組織。

政治圈內，仁慈是放下強權主導的心態和長年的鉤心鬥角，同時懂得尊重他人的意見、需求和歷史。大家越來越清楚，以暴力和戰爭來解決世界的紛爭，是極其粗糙又無效率的手段，它只會挑起眾怒，從而製造新的暴力、紛亂、苦難、貧窮和資源的浪費。

最後，就人類和大地之間的關係而言，仁慈也是首要之務。大自然理當得到我們的敬畏，如若我們不予以尊重愛護，不以仁慈愛心對待，遲早會自食惡果，被自己的毒藥所殺。

話說回來，我們依然不知道自己眞正是什麼樣的人。一個足以定江山的論斷還沒有出現。我們有能力做出最令人髮指的罪行，也有能力展現最崇高的行止。善惡這兩種潛能都不夠深固，不能讓我們確定是哪一種主導了人性。

我們必須帶著這樣的問號活下去，不過，或許我們有能力可以選擇。一個猶太故事說，上帝賜給以撒特權，讓他回到從前，目睹上帝創造天地的過程。以撒看到，上帝創造了地球、太陽、月亮、所有星球後說：「很好」。接著，上帝創造了花朵、植物、湖泊、溪流、各種大自然的美妙後說：「很好」。接著上帝創造動物，也說：「很好。」

最後祂創造了一個男人和一個女人，之後卻沉默不語。以撒迷惑了，這沉默代表什麼呢？他問上帝：「爲什麼在創造人類之後，您沒有說『很好』？」上帝回答他：「因爲創造的工程還沒有完成。現在，將創造延續下去是你們的責任。如何依你們所願創造自己，決定權在你們。」

是的，決定權在我們。這是所有人類的生命抉擇：要選一條自私自利、誤濫偏頗的途徑，還是一條同甘共苦、仁慈和善的道路。這是人類歷史上一個令人激奮又危險的時刻，在這樣的時刻，仁慈不是奢侈品，而是必需品。如果我們對彼此和這個星球多一分善待，我們就能繼續存活，甚至欣欣向榮。更好的是，當我們變得更加仁慈，說不定會發現這是送給自己的最佳禮物——一份最聰明又最有利的大禮。

1 誠實

凡事變得更容易

誠實常常令人尷尬。眞話往往刺耳，令人不快。如果說眞話的人沒有技巧，聽眞話的人八成會惱羞成怒。「我不喜歡理髮師替你剪的髮型」。「你做的晚餐淡而無味」。「我今天晚上不想跟你在一起」。「你該噴一點除臭劑」。「媽，我是同性戀」。這些眞話如何跟就定義而言應該是窩心、溫暖、柔軟有如羽絨的仁慈相提並論？仁慈和誠實可以攜手並存嗎？還是我們非做個選擇不可？

不妨看個例子。前一陣子，我和家人沒先買票就上了火車。我們打算在火車上找列車長買票。當他朝我們走來，我說：「我們是最後一分鐘才到達車站，所以我們打算現在付錢買票。」「不是；事情不是這樣，」——我太太薇薇安出人意表地插了這麼一句——「我們那時候還有不少時間。」列車長面露疑惑。薇薇安並不是有意替我找麻煩，她只是沒有說謊能力。不過，我說的也是眞話。我們到達車站時離火車開動只有十分鐘，根本不夠我摸熟那部很不友善的售票機器。列車長接受了我的解釋，還對我拋來一個心照不宣的眼神。我想，他八成也有太太。

不管令人多麼尷尬，不願說謊是人性的一部分，是我們生理機制的一種即時反應。前些時候我太太和六歲的兒子喬納遜去購物。她去一家超級市場退一件T恤，打算換另一個尺寸，滿懷善意的喬納遜卻大聲說道：「媽咪，這件T恤不是在這裡買的！你是在另外一家店買的。」一陣尷尬後，謎團終於釐清：另外那家店屬於同一個連鎖商店，換貨退貨固然有點不太尋常，不過是被允許的。小孩子的坦白誠然可貴——只要不違背我們日常的種種折衝就好。

乍看之下，說實話似乎比說謊來得困難，也比較令人不舒服。驅使我們說謊的其實就是這個想法。也許是出於懶惰，也許是出於恐懼，我們說謊的目的無非是要隱藏自己的脆弱、不想節外生枝或是避免解釋。可是這樣的虛假長遠以往，卻讓我們的生活更複雜也更難過。

測謊器就是基於這樣的原理。說謊的時候，身體會產生一股壓力。這種壓力是可以測量的：流汗、心跳加速、肌肉緊張、血壓升高。這樣的煎熬人眼看不到，可是很容易透過科學儀器現形。說謊的時候，我們像是握著吸管，一裝假就會用力，因爲我們必須一面編造謊言，一面擔心被識破。而爲避免面具被揭穿，我們的焦慮不曾或斷。

多麼吃力的工作！要知道說謊的生理原理，透過最新的科學方法就一目了然。以電腦掃描腦部活動，可以顯示我們在說謊的時候，大腦必須執行一連串複雜的運作，而說眞話的時候就不必。發明這個方法的科學家認爲，人腦說眞話是「自然設定」——意思是我們天生就被設定爲眞心誠意。能夠被人一眼看透是一種解脫。混濁的水中藏污納垢，充滿許多令人不快的驚奇。清澈的水則是一眼見底——如果有垃圾和瓦礫我們會看到，但也看得到彩色的魚群、貝殼和海星。因爲沒有紗幕，沒有虛假，誠實讓我們看進一個人的眼睛，透過這雙眼進入他的內心。誠實也讓我們坦然接受別人的注視，而且回望的眼神不閃躲。

誠實是雙向的：我們既要誠實待人，也要誠實對待自己。心理學者辛尼・吉拉德（Sydney Jourard）在他的著作《透明的自我》（*The Transparent Self*）中說，了解自己是心理健全的必要條件。可是，我們無法在孤立隔絕中了解自己。我們必須先讓別人認識自己，一個沒有誇大、無所隱藏的自己。對吉拉德而言，所有的精神官能症狀，例如害怕離家、憂鬱沮喪，單純是我們爲了躲避他人而拉起的帷幕。一旦我們變得透明可見，心情就會慢慢轉好。不過我要補充一句：同樣的道理，我們也可以學著對自己誠實，以堅定的眼神直視內心世界，絕不轉頭移開。附帶一提，有寫日記習慣的人要比不寫日記的人來得健康。書寫自己是一種和自我情感取得聯繫的途徑，它是一種自我探索，可以增益我們和他人接觸的能力。沙翁筆下《哈姆雷特》的普羅紐（Polonius）說：「最重要的是對自己眞誠，而一如夜晚跟隨白天，接著你就不會對任何人虛假。」

且看一種極端的情況：偏執的人。這些人對自己非常誠實，完全無意掩飾本來面目，而且對自己的感情深以爲傲。多年前曾有一項研究，發現偏執的人比一般人更長壽、更快樂。該項研究的作者針對這些人寫了一本很有意思的書，從書中你可以看到有個男人永遠倒退著走路（他就這樣從加州旅行到伊斯坦堡）；一個女人專門收集別人丟棄的東西，還買下一個廢置的戲院存放她的收藏；一個男人老是騎著一個半是木馬半是腳踏車的奇怪機器到處遊走；一個女人每天晚上都請一群老鼠吃晚餐；不一而足。由於偏執的人沒有迎合他人的壓力，免疫系統比一般人強健，因此比較健康，也比較快樂。

這些例子都很極端，不過主題殊無二致——誠實而已。我們每個人都可以向偏執的人借鏡；如果不必假裝，我們的生活會變簡單。反過來說，每天裝扮成和你本性不同的模樣，需要莫大的力氣。在《神曲》中，但丁描繪了僞善者在地獄的情景。他們必須隨身披掛一襲厚重的披風，外表鍍金，可是裡頭是鉛做的。這一襲金玉其外、又厚又重的外衣代表了他們的虛假面目，一個他們永遠不可能達到的面貌。穿上這個外衣，其實是永無止盡的苦工。

且讓我們回到這個基本問題：誠實和仁慈是否相容？有時候顯得非常強悍的誠實和仁慈其實有很多相同之處，雖然大家很可能將它們視爲對立。因爲，如果仁慈的基石摻有虛假的成分，這不再是仁慈，而是一種經過算計的禮貌。它不是出於衷心，只是因爲不願招惹麻煩、擔心激起別人強烈反應或是害怕面對指摘和爭辯。你情願選擇哪一個：是準備道出令人不快的眞話的眞正仁慈，還是爲避免當面衝突而謹守禮節，明明覺得無聊卻說自己樂在其中、心裡搖頭卻點頭說好、內心煎熬卻面帶微笑？

在我心理治療的工作生涯中，看過不知凡幾的人明明想說不卻點頭說是。這些人即使對婚姻、購屋、工作契約這類的重大承諾也無不點頭，任由別人利用他們的時間和空間。（「你今天晚上跟我一起出門吧？」「你能不能替我做這個？」「我外出的時候替我照顧兩隻貓好吧？」「我暫住你家幾個星期好嗎？」「噢，當然好。」）說不出拒絕的話，有時候會釀成禍殃。他們不得不跟自己不愛的人住在一起，不得不住在一棟自己並不喜歡的房子裡，不得不做自己痛恨的工作，不得不讓心靈的寧靜受到剝奪。因爲缺乏勇氣和誠實，說不出一個簡單、堅定、原可自救救人的「不」字，他們被迫過著一種非屬自己的生活。

有一本有名的童書，《喬治和瑪莎》（*George and Martha*），這兩隻不知年紀的河馬雖是莫逆之交，也經歷過友誼路上的高低起伏。我最喜歡的一個故事是喬治到瑪莎家玩，瑪莎很自豪地準備了拿手好菜當晚餐：豌豆湯。喬治很討厭這道菜，可是不忍心告訴瑪莎，所以趁著瑪莎在廚房裡，他偷偷把湯倒在自己的鞋子裡，假裝開開心心吃完了它。可是瑪莎發現了。一陣尷尬後，兩人達成共識：既然兩人是好朋友，可以對彼此說眞話。不想吃不愛吃的菜，這個例子只是象徵性的譬喻，一如我們因爲無力拒絕而接下了不願做的事，即使勉強呑下肚也勢必難以消化。有時候，爲了仁慈待人，我們得先學會照顧自己。

一個大名鼎鼎的人物正好有過同樣的處境。史懷哲（Albert Schweitzer）獲得諾貝爾和平獎後，受邀參加挪威皇室爲他舉行的慶祝宴會。一盤鯡魚送到他面前，可是他無法消化這種食物。他的舊習性——盤中不留食物——一定非常頑強。再說他也不想拒絕，以免顯得無禮。因此，他趁著女王轉過頭去的那一剎那，很快將那盤鯡魚倒進自己的西裝口袋。「你的鯡魚吃得可眞快，」皇后帶著詫異的笑容說。「要不要再來一點？」

史懷哲因爲不願冒犯，所以把晚餐倒入口袋算是解決了問題。他也是無法說不的人——至少在那個場合。雖然他要了個天眞的花招，不過那餐飯他可能還是沒有完全消化，因爲多年之後，他依然覺得如鯁在喉，非把這件事說出來不可。我因此想到：我們不知有多少人是口袋裡揣著鯡魚漫遊人間的？

行事誠實儘管涉有風險，例如說眞話而引人不快或是說不而令別人失望，只要聰明有技巧，長遠來看反而是最仁慈的舉動，因爲它尊重我們的誠信本質，也肯定別人有接受的雅量和成熟。我認識一位音樂教師，她對我說：「如果我跟一個學生說他沒有天份，因此勸他別再繼續，不如找個更適合他的興趣發展，我認爲這比鼓勵他繼續來得仁慈。假設我爲了不傷他的心而說些連我都不相信的話，這是欺騙，說不定只是將他的痛苦和挫折延長個幾年。反之，如果我說了眞話，一開始他可能很傷心，可是至少他知道自己的處境，可以更清楚地策劃自己的下一步。對我來說，這才是眞正的仁慈。」

想想吧，當你發現有人爲了保護你，所以不告訴你其實每個人都看得出來的嚴重病情、你的化妝一團糟、拉鍊沒拉上，你的感受如何？他們都是出於禮貌，都是爲了保護你。結果你卻有種被小看甚至被出賣的感覺：爲什麼沒有人告訴我？

不過，誠實是一種征服。誠實必須慢慢習得，才能讓我們更強壯、更成熟。古代的阿茲特克人（Aztecs，一五一九年西班牙人入侵前居住在墨西哥中部的印地安人）相信，人天生就沒有臉，必須一點一滴爭取自己的面容。而要得到一張臉，唯有尊重眞理一途。如果我們說謊，或是根本不清楚自己要說什麼，就會有張沒有形貌的臉。而唯有具備一張眞正的臉，我們才能走出特拉提帕克（Tlalticpac）——那個夢幻的世界。

誠實也意味著承認問題存在，而不是裝做沒有問題。前一陣子我的兒子艾密利歐放完假，即將重返學校。他一點都不想開學，對那一天充滿焦慮。對他來說，開學日就像一隻步步逼近的怪獸威脅著他，想要把他壓扁。作爲一個父親，我能怎麼辦？我試圖爲他加油打氣、讓他分心、告訴他開學沒那麼可怕，可是終歸枉然。我突然想到一個點子，以爲可以奏效。我提議請艾密利歐吃一種在我家幾乎是禁忌的東西：速食店的一盤炸薯條。通常任何被禁止的東西對艾密利歐都有吸引力，尤其是垃圾食物。我以爲這該是個錦囊妙計。可是不然。艾密利歐的回答應該被刻在石頭上：「老爸，你不能拿薯條解決問題。」

一針見血。你不能假裝問題不存在，也不能用暫時有用的分心花招解決問題。你必須張大眼睛，誠實面對。爲安撫兒子、讓他焦慮的心情轉移重點所以請他吃薯條，這絕對不是仁慈之舉。我只是選擇了容易的路走——恐怕是過於容易了。我找了一條自我安慰的出路。他的回答替我上了一堂誠實的課。

可是，誠實不只關乎人生艱難、不快樂的一面。它與創新、美麗的那一面更是息息相關。很奇怪，我們常會把自己這幾個面向隱藏起來：溫柔、善意、初衷、被感動的能力。這一方面是出於保留心態，不希望別人被我們噴湧而出的感情而滅頂。可是更大的原因，還是爲了保護自己：我們不想讓別人看到這樣的自己。我們會覺得自己脆弱、毫無遮護，說不定還很可笑。最好顯得有點憤世嫉俗，甚至聲色俱厲，起碼不能把自己暴露到有危險的程度。可是這麼一來，我們就和自我最有靈性、最美善的部份漸行漸遠，也使得他人看不到它。

不止如此。誠實是最簡單的處世方法。說謊有千百種面貌，眞話只有一種。我們可以假裝擁有許多其實並不擁有的感情，裝扮成我們其實並不是的人。可是一旦拋去了這樣的僞裝，所有爲自圓其說而花的心神和力氣就此消散，我們會如釋重負。

我記得當兵的時候，有個同袍最喜歡吹牛說大話。他常自誇得過世界說髒話的冠軍（我後來發現，那不過是個鄉下的小比賽）。他是那種無論你說什麼都說不過他的人。一天晚上，我跟他東聊西聊，他的臉色突然變了。他開始說他怕死，感到空虛，還談到他對愛情的想法。他完全變了一個人，遠比平日有深度而眞誠。跟這樣的他在一起，非常值回票價。我據實以告，又問他爲什麼那天晚上決定脫下面具。他回答我：「有時候你就是得卸下面具，說說眞話。」

就像所有人一樣，我也做過傳遞不實感情的事。有些人不願表露眞正的感受，這個我能理解——有時候有所保留確實是無可厚非。不過，有時候則不然。我因爲從事心理治療工作，常會聽到可怕的故事，也會聽到動人的故事，而我往往爲之震動。讓我的顧客注意到我動了感情是對是錯？我應該躲在一個看不出喜怒哀樂的面具後面嗎？關於這一點眾說紛紜，我自己也不認爲一個心理分析師應該永遠眞情流露，因爲這可能造成傷害或誤解。話說回來，有良好的醫病關係，心理治療才有效用。而要得到良好的關係，唯有誠實一途。

有一回我聽病人訴說她的故事，很受感動。她注意到了，也明白告訴我。我試圖掩飾，可是她一點也不相信。在那一剎那我頓然了悟，我們在試圖掩飾感情的時候是多麼脆弱而笨拙，也體會到以良好的技巧和風度誠實表露情感、展現眞實的自己是如此地重要。所以，我們什麼時候比較仁慈呢？是在隱藏自己的溫情、夢想、迷惘、幽默之際，還是將這些表露於外的時候？

因此，誠實不但能與眞正的仁慈相容並存，它更是仁慈的基礎。虛假的仁慈會污染人性，讓眞正的仁慈變得冷硬許多。如果你不是活在眞實之中，就無法與人溝通、信任他人，從而和他人失去了連結；而對冷硬的現實不迎頭痛斥，你就是住在夢幻的世界裡。那個世界裡沒有你我的立足之地，只有傷人的幻覺和假象。說謊，就是過著一種脫離現實的生活，而在一個面具和幻影的世界裡，仁慈不可能存在。

2 溫暖

快樂的溫度

許多年前，我因為工作需要，必須在一個冬日夜晚出差到美國某城。我的班機嚴重誤點。我身邊正好沒有現金，所以沒有吃飯，天氣又冷。禍不單行的是，我住的那一區停電了，我身陷一片黑暗。文明供應的庇蔭我一概闕如，非理性的思惟開始盤踞了我。雖然理智告訴我，我沒有眞正的危險，可是原始的生理警戒系統已一一開啓：飢餓、黑暗、寒冷、茫然沒有方向、舉目無親無故。我已瀕臨不知所措的地步。我走在懸崖邊上，眼看就要掉入驚慌的深淵。

突然之間，我聽到自己的名字在黑暗中響起。聽到自己的名字，我從來沒有那麼快樂過，也從來不曾被一個聲音如此感動過。是我約好見面的一個朋友，想辦法找到了黑暗中的我（可別問我她是怎麼辦到的）。這個拯救了我的聲音本身就是溫暖。

在那一刻，或者說稍晚等我吃了東西、生理機能回復正常後，我領悟到人類是多麼的危險。在一個與你沒有關聯、別人無心理你的世界裡，我們毫無防禦能力，我們脆弱無比。我領悟到，嬰兒的處境其實就是所有人類的情境：亟須照顧、關愛和溫暖。每一天都有人因爲缺乏溫暖而死，或是逐漸枯萎。被棄置不顧的小孩、薪資勞力雙雙被剝削的工人、上了年紀的老人，在這個以大都市構築的無名世界裡寂寞地被遺忘。成千上萬的人每天用各種替代品來彌補長期缺乏的關愛：暴飲暴食、追求沒有情愛的肉慾、在瘋狂消費的樂園中尋找虛幻的快樂，或是變得暴力。

想到溫暖，我們最常聯想到觸摸的感覺。可是聲音也是距離上的一種觸摸，即使沒有實體接觸也能帶來溫暖。我們剛才看到，我在一個陌生的地方茫然失措，一個聲音拯救了我。而我認識一個女人，且稱她爲陶樂西雅吧，告訴我另一個故事。每天晚上，她都聽到公寓隔鄰有個女娃在哭。那對父母把小孩抱上床，讓她一個人在黑暗中睡覺。他們任由嬰兒號哭良久，自己卻跑去看電視。嬰兒聲嘶力竭的哭聲道盡了痛苦和孤單。陶樂西雅該怎麼做？她不知道。如果對那對父母直言，說不定情況更糟。她決定唱歌。她既然聽得到小孩哭，小孩也該聽得到她。所以每天晚上小孩被送上床後，陶樂西雅就唱起甜美的安眠曲，隔著薄薄的牆對她說話，安撫她。小嬰兒聽到看不見的友善聲音就停止哭泣，平靜地睡著了。一個陌生人的聲音帶來溫暖，讓她免除了冰冷的孤單。

說到溫暖，你想像的地獄是什麼模樣？煙霧瀰漫、火焰沖天、亮晃晃的刀山、油鍋裡的炸人肉？我們所聽聞的地獄，往往都是很熱的地方。即使是伏爾泰（Voltaire，法國詩人、劇作家、哲學家）這樣的理性主義者，臨終前在病榻上看到窗簾掉進壁爐裡著火燃燒時也帶著譏諷和絕望大叫：「火焰已經點上了！」（Déjà les flammes）

可是，我們真能確定嗎？但丁《神曲》的〈地獄篇〉有歷歷如繪的詩般描述：最恐怖也是最低一層的地獄，是個靜默無聲、有如冰庫的地方。犯下了罪惡之最的背叛者，整個頭浸在一個永不消融的冰凍沼澤裡。這些受到詛咒的靈魂沒有感情，腦海裡只想著要背叛家人、國家、朋友。地獄，是沒有任何感覺的地方。它是溫暖的對比，是個黑暗、駭人的所在，你在那裡孤孤單單，一無所愛。

之後，但丁爬上煉獄（又稱「淨界」）之峰，這是一段漫長而艱苦的攀爬，代表一個人在發現自己的過程中必經的淨化和強化。在煉獄的巔峰，但丁見到他久未見面的初戀情人佩雅特麗琪，她在此代表眞理。她對但丁很冷淡，並沒有過來擁抱他。她要他感受他健忘的沉重後果。她譴責他：你爲什麼忽視了我？這既是一個憤怒女人的獅吼，也是眞理對那些長久徘徊在歧途上的人的當頭棒喝。但丁凍住了，一如亞平寧山脈（Apennines，位於義大利中部）上的白雪。可是在春陽的照射下，白雪溶化了，但丁也溶化了，他落淚哭泣。他再度感受到感情的溫暖。在此之後，他進入了「純淨之界，準備攀爬星辰。」

對但丁而言，溫暖是一切情感的基石，拜它之賜，生命才有可能。在他眼裡，溫暖也是洗心革面的先決條件。詩人往往能體會到科學家和研究學者要在數個世紀後才會發現的眞理：沒有他人互相取暖親近，我們是活不下去的。數十年來我們已經知道，沒有母親身上的溫暖，嬰兒無法存活。身體的溫暖——撫摸、哄抱、護蔭、培育、擁抱、搖晃——不是奢侈品，而是生命的必要條件。得不到溫暖的嬰兒會死去，得到的不夠也難以茁壯，長大後變得退縮、神經質、攻擊性強，說不定還有犯罪傾向。

這一切都始自遠古時代。溫暖是一種基本的生理需求。沒有母親溫暖、柔情的照顧，哺乳動物的幼輩不可能存活下來。成年人或許沒有溫暖尚可將就，可是那樣的生活是冰冷而無趣的。他人的溫暖可以讓我們放鬆，可以治療創傷、提供撫慰，讓我們的潛能開花結果。想想看，光是遇到一個溫暖友善的人，你的心情就會變好。在這人面前，你無須裝假、競爭或是拚命證明自己。這股溫暖讓我們覺得，自己是有能力的。溫暖不但肯定我們的現在，也肯定我們的未來。

一如嬰兒，成年人也需要溫暖——心理上的溫暖。其實生理亦然。有時候，我們依然需要被人撫摸、擁抱，就像嬰兒。不過，我們最需要的勿寧是一個能夠傾訴心曲的人，一個了解、欣賞、關心我們的人。溫暖這時候不只是一種生理現實，它已經成爲譬喻，代表一種我們可以在某人眼裡看見、聲音裡聽見、待人處事上感受到的人格特質。及時的生理溫暖——被人擁在懷裡呵護著——會讓這個特質變得更純淨、更眞實而美妙。它是仁慈的基本核心。

溫暖永不嫌多，尤其在這個全球冷化的年代。這是溫暖變成了商品的原因：如果你渴望超凡入聖、能帶來鼓舞和快樂的溫暖，可是你無法在自己的生活中找到，我們就把它賣給你。我看過一個巨大的橘色看板，上面是一只美麗的碗，裡頭盛著熱氣騰騰的蔬菜湯，下面寫了幾個字：「這就是『愛』。」這是某個跨國企業的冷凍食品廣告。廣告背景是這樣的：每個人都太忙，所以今天晚上你回家的時候，不可能有人準備好一碗美味的蔬菜湯歡迎你。很難想像有什麼東西比這一碗熱湯更能象徵充滿撫慰、令人安心的愛。多大的安慰，一匙匙湯汁入口的快樂！多大的欣慰，知道有人因爲愛你而準備了這樣一碗充滿營養精華的湯品！可是現在這人太忙，或是已經忘了你，甚至根本沒有這樣的人存在。所以，來一碗由遠方某個機器製造、以眞空包裝的冷凍湯吧。別擔心，它能立刻解凍。不管怎麼說，東西是一樣的，不是嗎？來吧，喝一碗，美味可口、數分鐘可食，而且人人皆同。買吧，吃吧，少囉唆。溫暖已經包含在售價裡：「這就是『愛』」。

這是人人吃得到的同樣的湯。可是若是眞正的溫暖，沒有人是相同的，就像沒有兩碗湯是完全一樣的。每個人都是獨一無二的。我們之所以被愛，是因爲我們就是這個模樣，包括所有的長處和短處。我們被愛，是因爲我們就是我們，沒有討價還價的餘地。可是一旦溫暖消退，我們會變成一式一樣——個個都是無名氏。一如溫暖能讓我們的人格發光發亮，讓我們自覺特別而不可或缺，冷漠也能把我們變成無名無姓的影子。有一回我掛號去看足科。我看到不只一位醫生，更是一大群專家。其中有個女人，用放大鏡對準我的腳觀察良久，一聲也沒吭。診治完畢，我正準備離開，她也寫完了筆記，抬頭看到我竟然嚇了一跳，說道：「你是誰？你在這裡做什麼？」她不知道我是那隻腳的主人。對她來說，我只是一個放大鏡下被分析的影像，而現在她才發現，我居然是個完整的人。對她來說，如果我只是一隻沒有名姓沒有聲音的腳，應該比較合理。這就是無名氏。

溫暖的另一面是親近，它能將生理現實轉化成記憶和象徵。親近的人是親暱而溫暖的，疏遠的人則冷漠而遙不可及。在我們生命之初，這是個生理上的現實。無論是誰親近我們，擁抱、撫摸、給予我們溫暖，對我們來說就是親密而熟悉的。新生兒憑著母親的氣味，知道誰是他們的母親。隨著年歲增長，這種親近感會越來越主觀。一個和我們親近的人可能遠在數千哩外。事實上，光是撫摸和擁抱是不夠的，溫暖現在變成了一種更微妙的特質，重要性卻不曾稍減。親近不僅關乎生理，也關乎心理、性靈。它是一種能力，能進入他人內心也願意納入他人，能了解別人也願意讓自己被了解。和親近的人在一起，我們能一無所懼地道出自己的夢想，暴露自己最怪異最難堪的一面。

我們常把溫暖視爲天經地義，只有失去的時候才注意到它的存在，也才體會到它的重要。我有這樣的領悟，是因爲兩場相隔多年的葬禮。第一場是我祖父的葬禮。我生平頭一回坐在裝著棺柩的靈車上，看得到車外行人對於送葬隊伍的回應。他們的反應非常明顯；大家紛紛停下腳步讓我們經過，有人摘下帽子，有人在胸前畫十字。這代表了尊重和肯定：某個人去世了，其他人同表哀悼。我感到很安慰，死亡不再是一件孤獨的事。約莫三十年後，我母親也大去。同一個城市，同樣的儀式，同樣的程序，可是時代變了。行人經過我們身邊，恍若未覺，腳步匆忙。整個城市沒有停頓，每個人都繼續做自己的事，毫無肯定可言。我感覺置身在一個冷漠、疏離的世界。我這才眞正了解到溫暖的重要。週遭的人支持你，這是多麼重要的事。

然而，要達到溫暖和親暱，中間會有重重阻力。我們害怕如果過於親密、門戶過於開敞，會受到侵犯、控制或傷害。這些都是由來已久的恐懼，有些並不理性，但也有些是其來有自。畢竟，我們今天能夠擁有完整的地盤，都是爭鬥勝利的果實。人類花了數百萬年的時間，好不容易才變成「個人」。保衛自己的勝利果實天經地義。因此，我們害怕一旦和他人過於親密，邊界線蕩然無存，對方會長驅直入毀了我們。可是這些界線往往變成障礙，薄膜硬化後什麼也透不進來。我們等於把自己關在用一己的孤寂築成的冰冷堡壘裡。

有了溫暖，生活比較容易；多了冷漠，生活更爲艱苦。在溫暖友善的情境下，要開口請人幫忙（以及接受幫忙）、說逆耳的忠言、接受他人、被人接受、開懷大笑、享受人生，都變得容易一些。《伊索寓言》中有一則小故事，風和太陽打賭，看誰能夠先讓旅人脫下衣服。風先上場。它輕輕吹拂，可是旅人沒有脫衣。風吹得更用力，旅人依然不脫，反而把衣服裹得更緊。風猛吹，竭盡全力地吹。它吹起強風，繼而吹起颶風。旅人不但不脫衣，反而把自己包得更爲密實。輪到太陽上場。它履盡職責——照耀大地。風完全止息，天氣變熱，旅人脫去了衣服。太陽贏了——它靠的不是蠻力，而是溫暖。

如果我們將摸觸和談話包括在內，溫暖的好處可說是枚不勝舉。艾許利・孟塔古（Ashley Montagu）在他的經典名著《觸摸》（*Touching*）中闡釋過，摸觸能增進所有哺乳動物的健康，包括動物、孩童和成年人。另一個橫跨四十九個文化、由神經心理學家詹姆士・普雷斯科（James W. Prescott）主導的經典研究指出，在身體接觸頻繁、對嬰兒的關愛習於盡情表露的社會裡，勢利的財富現象以及偷盜、殺人、虐敵等情事發生的比例都很低。反之，很少對嬰兒藉由身體接觸表現關愛的社會，奴役情形屢屢可見，女人地位低落，連神明都是兇猛好鬥之輩。普雷斯科認爲，要將暴力心態轉化爲平和最好也最容易的方式，就是讓一個人嬰兒時期得到溫暖，長大後的生理樂趣也將會開放不壓抑。

數十年來，不同的研究陸續證實了我們數千年來以直覺就知曉的事實。這樣的研究在過去數年間更爲確鑿。就孩童和青少年來說，父母對孩子的溫馨關愛有助於他們滿意自己、獨立自主、在校表現良好。而成年人呢？曾經有一萬個以色列男人受訪，被問及諸多關於健康、習慣和環境的問題。其中有個問題是：「你太太會不會對你表現情愛？」，結果發現，回答「不會」的人八成都有狹心症。就連有人可以說話以塡補孤寂的空虛都是必要的。就老年人而言，光是有機會跟人聊天，就有助於降低罹患阿茲海默症的機率。這純粹是因爲智力受到刺激的關係嗎？不然。另一個研究顯示，與人接觸才是眞正幫助癡呆症老人的因素，讓他們心情變好，少受些罪。

溫暖和仁慈的效果可以持之久遠。一九五〇年代一群哈佛學生經過篩選，參加一項跨年研究，每個人的生活基本資料都有詳細的蒐集。三十六年後，其中一百二十六人同意再度參加研究。他們被分成兩組，將父母形容爲溫暖、耐心、慈愛的分在同一組，另一組的父母則被形容爲沒有耐性、冷漠、無情。第一組的受試者罹患潰瘍、酗酒、心臟疾病的比例低於一般，第二組則是高於一般。第一組當中，有四分之一的人患有重大疾病，而第二組竟高達百分之八十七。

各位或許注意到一個奇怪的事情。本書談的是付出仁慈的好處，現在我們卻在大談接受仁慈的好處。不過，只要自問以下的問題，這個矛盾當可迎刃而解：當我們撫摸一隻咪咪叫的貓，我們是在給予溫暖還是接受溫暖？或者，當我們享受他人的陪伴，是誰得到了溫暖？當我們抱著一個新生嬰兒，是誰在散發溫柔，又是誰在接受溫情？付出溫暖的人絕對不會感到寒冷。施與受的好處是均等的。當我們付出溫暖——以及我們的陪伴、不存論斷的正面態度、我們的眞心誠意等等，我們會爲周遭人的生活帶來舉足輕重甚至卓爾不凡的改變。而我們自己也不會一成不變。

一個感覺寒冷的人找到了溫暖，就像發現了生命無限多的可能性。感情並不是惱人的變數，而是一種富足，讓我們領悟到過去不曾想見過的廣袤。心靈自有它的邏輯，這是理智難以理解的。只要懂得心靈的運作，我們便能了解他人，知道他人不是統計數字或是沒有生命的玩偶，而是活蹦亂跳、充滿希望和夢想的生靈。心靈的運作要靠直覺去了解，直截了當、不落言詮。你知道朋友需要你，因爲你是他（她）朋友。你知道伴侶有難或平安，因爲你是他（她）的伴侶。你不用問也能感受到你小孩的心情，因爲你是他（她）的父母。

沒有溫暖和親密的人生是什麼模樣？我們不妨想像一個所有感情都消失的人生，就像一條乾涸的河流。再想像一下，假設連溫暖和感情的記憶都消失了。我們有如行尸走肉，毫無感覺。那是一個人人界線清楚嚴明的世界，你唯一在意的只有數字和冷酷的現實。

另一方面，溫暖也有可能過熱。我們都很熟悉這樣的人：不計代價渴求溫暖，隨意擁抱、撫摸我們，肆無忌憚地侵犯我們的隱私。這種人令人難以忍受。有時候冷漠是必要的，距離也是，畫出界線也是。有時候冷眼旁觀不是壞事；沒有感情和偏好的帷幕阻擋，說不定我們可以用嶄新的目光來看週遭的世界。可是，一個死氣沉沉、冷漠疏離的世界就算不會致人於死，到底也是乏味的。現在，且讓我們想像相反的情境：生活滿是溫暖和柔情。我們願意降低防護牆，因爲覺得我們夠強壯。光是現個身露個面就能爲別人帶來輕鬆和快樂，對別人的內心世界看得更清楚，有能力看透大家的思惟和動機，愛、友誼、仁慈變成了人生的終極意義和最高價值。這樣不是好得多？

我的兒子喬納遜告訴我，有一回學校郊遊，他因爲走得太久好累，步履蹣跚地落在隊伍最後，心裡覺得好孤單。可是有個好心的朋友等著他，還對他說：「加油，你一定走得完！」後來他果眞走完全程。這就夠了：在困境下有人關心你，對你說一句仁慈的話。喬納遜稱它爲一個「窩心的援手」。或許人人都需要這樣的援手，好在人生旅途中邁出下一步。

3 寬恕

活在當下

數年前，我有個朋友常常問人：你覺得生命中最重要的東西是什麼？她得到的回覆八九不離十，都是身體健康、相親相愛、金錢無虞之類，而且往往附有解釋，彷彿那些回答的人自己也不確定，必須羅列出種種理由來合理化自己的答案似的。有一天，我的朋友也拿同樣的問題去問她的父親。當時他們在廚房裡，他正在爲自己泡咖啡。他的答案簡單、沉靜、毫不猶豫，而且無須註解：「寬恕。」

朋友的父親是猶太人，全家都在那場世紀浩劫中被屠殺。（他後來又再婚，並且移民澳洲，我朋友就在那裡出生）。我看過他家人的照片，存放在一個老舊的錫盒裡，是悲劇後他的家人唯一的遺物。照片上的人跟你我沒有兩樣，渾然不覺厄運即將到臨。其中一個小女孩的照片觸動我最深。你看著它，可以想見她去上學、玩耍、跟爸媽聊天的情景。一個美麗的小女孩，就這樣煙消灰滅。我曾經試圖理解，這個父親在得知失去女兒——以及妻子、父母、兄弟姊妹、工作、家園——那一剎那的心情。我體會不出來。我只能模糊地想像那一刻的驚恐、難以置信，以及無以堪受的痛苦。

可是，這人卻能寬恕。不只如此，他還特別點出，寬恕是最重要的價值觀念。我認爲這樣的心態是一場卓爾超凡的勝利。幸而有這場勝利——更甚於電子學、基因學、太空航行學——人類文明才有繼續的可能。幸而有這個人，以及眾多如他一樣的人，我們才沒有完全沉淪於野蠻人的狀態。

不過，說不定我們已經沉淪了。隨便看看哪天的報紙，你會發現，地球上無可化解的仇恨多得令人咂舌。要充分理解這股黑暗力量對我們的影響，我要請你想像這個可能而弔詭的情景：明天早上當我們醒來，發現每個人都寬恕了所有需要寬恕的事，對所有的過錯都有了道歉的勇氣。想想看，如果X民族寬恕了Y民族數年前對它做出的恐怖屠殺，那會是什麼情形？如果Z族群無分男女老幼，幾百年來受盡W族群的欺壓，燒殺擄掠、強取豪奪，如今卻寬恕了它，那會是什麼樣的情景？如果A國和B國都承認對方有自主存在的權利，把彼此的恩怨完全拋諸腦後，再也沒有恐懼、壓制，那會如何？如果我們醒來時發現，每個人都寬恕了世間所有的不公義，沒有人重提往事舊怨，大家終於完全活在當下，那又會是如何？

我們都會鬆一口氣。氛圍會是無比的輕鬆愉快。許多人生平頭一次發現了活在當下的奇妙感受，不再翻遍陳年老帳，不再不斷地將自己的心神傾注在互相指責和反擊上。人際關係的大門會洞開。所有投注於責難、仇恨、偏見、報復的精力會開始自由流動，餵養了萬千的新的展望。

這是空中樓閣嗎？或許。可是，如果縮小範圍來看，寬恕絕對是可能的。爲免讀者誤會，我得趕緊澄清：寬恕是無比珍貴而重要的，因此我們絕不能以小道視之或是像看漫畫一般，一笑置之。第一，寬恕並不等同於既往不咎。如果我是過去某個不公義事件的受害者，我可能會害怕歷史重演，或是擔心它的重大意義被沖淡。我會擔心犯下這個不義罪行的人消遙法外，甚至背地裡嘲笑我。因此，我必須保持沉默。

不是這樣的。寬恕的意思單純是我不願意再爲一樁陳年舊怨而把憤怒越養越大，從而毀了我的生活。沒錯，我願意寬恕，可是我會清楚記得這件事對我的傷害，以後更會小心留意，別讓它再發生。寬恕的人依然可以活在一個並不容忍不義的世界裡。他只是不讓自己的警戒系統永遠開啓，槍砲隨時對準敵人。

寬恕也不是自以爲是的正義，以爲我在道德上高人一等，所以一方面爲自己的高貴情操和慷慨大度自詡，一方面卻還記掛著那個錯待我的可憐傻瓜，念念不忘他對我的所作所爲而飽受煎熬。不是的。寬恕是與過去言和的內心活動，把陳年的舊帳整個關掉。

這個決定一點也不容易。恰恰相反，它很難。第一，它是個非關理性的決定，因爲帳是怎麼算也算不平的。你怎麼可能忘記讓你傷痛多年的舊恨，例如某人誹謗中傷你而毀了你一生，或是背叛了你而讓你的家庭四分五裂？這樣的傷害要如何彌補？例如，你心愛的人被一個酒醉開車的人撞死，這樣的損失是任何言語、多少金錢都賠償不了的。寬恕是所有理性邏輯、數學公式的反面。寬恕同時也是危險的——甚至有寬恕的感覺都很危險。這不是因爲寬恕會讓我們陷於再度受傷的危險，而是因爲我們會自覺軟弱，弱點被暴露於外。我們覺得軟弱，是因爲面子問題，它有如攀附著一根老木的藤蔓，現在緊纏著我們受到的錯待不放。我們覺得寬恕那人有失骨氣，因此輾轉難安。反之，如果我們不寬恕，憤恨和羞辱或許會帶來虛假的力量，支撐住我們的骨氣。問題是，我們眞的想要這樣的支柱嗎？

我們甚至不必將寬恕視爲無怨無恨——一種感情的眞空狀態。也不必將它視爲緊張情緒的宣洩，猶如肌肉緊繃多時後的鬆弛。寬恕毋寧是一種正向的人格特質。它包含了快樂，也包含了對他人的信心，表現出心靈的泱泱大度。它非關邏輯、出人不意，有時更是非常人所能及，它讓我們從仇恨的古老鎖鏈下解放出來。無論是誰行了寬恕，都會覺得心神振奮，性靈昇華。

在我心理治療的工作生涯中，每當我有意建議客戶：「你可曾想過寬恕那人？」我就十分躊躇，自問是不是要求太多了？可是，要脫離無可言喻的折磨，有時候寬恕是唯一的療方。我看過很多寬恕的人。有些飽受重大凌虐之苦，可怖的欺壓和不平的待遇毀了他們一生；慘無人道的集中營；從小就被虐待或性侵害。然而，他們還是能夠寬恕。我看過他們決定寬恕的那一瞬間——在那樣超凡入聖的時刻，惡夢結束了，寬恕者感受到重生的喜悅。

我也看過很多即使小小過錯都不肯寬恕的人。他們的生活永遠是陰霾滿天，盡是沉默的抗議。他們曾經受到的傷害歷歷如繪出現眼前，像是不斷重播的影片。肌肉、語氣、面部表情，在在顯示出他們依然被禁錮在十或二十年前的舊恨當中，他們憤恨難消，每天起床就是爲了報復那個冒犯行爲，彷彿依然受到那件犯行的荼毒。在他們潛意識裡時間並不存在，過去有如活生生的現在。

絕不寬恕的心態會帶來無窮的傷害。我們不妨把不肯寬恕的人比喻成一座交通完全堵塞的城市。道路不通，車輛寸步難行，只好一面排著廢氣一面乾等，穢氣污染了整個天空。垃圾無法收拾，只好放在路邊滿溢出來的垃圾桶內生腐發臭。人們垂頭喪氣、動彈不得，工作做不了，也無法和他人聯絡。沒有人喜歡這樣的生活。這就是不寬恕的狀態：死水般呆滯的仇恨製造出更多的仇恨，阻塞了活力，綑綁了思想，毒害了生活。

只要記住一個基本原則，你我對寬恕就會有更多的認識：人體每個元素都會相互影響。感情影響身體；某個器官的運作影響其他所有器官；過去影響現在，現在又影響未來；你跟某人的關係影響到你和他人的關係；以此類推。這些錯綜交疊的互動關係在寬恕上尤其顯見。舉個例子，假設十二年前我的叔叔哈利得罪了我，而我一直都無法忘懷，這段記憶就會影響到我跟我表哥喬的關係，因為他是哈利叔叔的兒子。如果我把愛車借給朋友雪麗，她還來的車子卻有了一道嚴重刮痕，這件事很可能會改變我對借貸、車子甚或人的態度。如果我和一個女孩談過一場美好而刻骨銘心的戀愛，可是最後受傷至深，要是我永遠不寬恕這樣的傷害，我可能對女性從此沒有安全感，說不定還加上不信任和憎恨。

更有甚者，研究顯示，我們每個意念都會影響到身體的每個細胞。每個意念都會牽動血壓，因而影響到身體所有部位的血流。人體的生理機能在在能夠感受到我們意念的好壞。那麼，我們要製造仇恨、報復的念頭，還是愛情和快樂的思維呢？一個有名的實驗中，研究學者請受試者回憶兩個背叛的經驗，一是被父母，一個被伴侶。受試者被連線在多部壓力探測機器上，血壓、心跳、額頭肌肉的緊張程度和皮膚反應一一被做成紀錄。結果非常明顯。受試者自動落入涇渭分明的兩個組別：願意寬恕者和不願寬恕者。不願寬恕的人壓力讀數較高，而願意寬恕的人健康問題較少，也較少去看醫生。另一個研究顯示，寬恕的人身體狀況較佳，較少有焦慮、憂鬱之苦。寬恕，能使生理心理健康雙雙提升。

在幫助客戶寬恕的過程中，我認為有兩個因素頗為管用：首先，你必須承認自己感受到的錯待，即使還未體會到那股有時候是排山倒海的痛苦。你不能假裝若無其事。在你忘掉不公不義之前，你必須承認它存在，而且充分體受。光是為了寬恕而寬恕，這種急就章的寬恕是沒有用的。唯有充分感受到那股傷害的力量，你才能夠寬恕。這是弔詭——話說回來，整個寬恕的觀念就是一種弔詭。

無可否認，有時候怒火就是不肯止息。如果我們是某樁不公義事件的受害者，例如有人不守諾言、偷了我們錢財，我們會怒火中燒。憤怒會在內心啃噬我們，或是以破壞的方式表現於外。然而，承認自己憤怒說不定就夠了。是的，當我們承認自己氣憤填膺，便已覺得好過一些。不過，氣憤可不是芝麻小事。它是一種異常濃烈的生理現象。我們血脈賁張，任由仇恨蠶食，食不下嚥，心情沉重，看到某人就頭痛或有如芒刺在背，這些往往都是氣憤表現於外的生理效應。而如果我們容許它有存在的餘地，我們會有不同的感受，說不定更可主動決定如何對應。與其任由它向外爆炸或是炸傷內心，不如以建設性的方式將它表達出來，在不傷及任何人的情況下承認我們的權利，或是將悲憤化為力量，用以推動自己的計畫。可是，我們不能光是把它掃進地毯下蓋住，視若無睹。我們一天不面對氣憤，它就會繼續存在一天，仁慈在我們心中就不可能有容身之地。

另一個重要因素，主要是用在我們認識施害者的境況下：以同理心去體會得罪我們的人的心情。如果我們爲那人設身處地想想，明瞭他的用意和他所受的痛苦，寬恕會比較容易。我們會知道他爲什麼做出那種行爲來。寬恕的腦波行爲和同理心發生在大腦的同一個位置，這並不是巧合。

因此，如果我們將心比心；如果我們別那麼在意是非判斷，而是多一點體諒之心；如果我們夠謙卑，願意放棄正義使者的身份；如果我們夠有彈性，肯將過去的傷痛和忿怨拋諸腦後，寬恕就有可能。學會了寬恕，我們的人格可以煥然一新。

基於以上種種原因，寬恕的能力和道歉的能力有如銅板的兩面，需要同樣的謙卑和彈性。有個東方故事說，從前有個食古不化、專斷獨裁的國王，硬要大家稱他爲「睿智而高貴的神」。他喜歡這個名號，對它非常嚮往。有一天，他發現有個老人不肯這樣稱呼他。國王將那人找來，問他原因。「我不是因爲叛逆也不是不敬，純粹是因爲我不覺得你是那樣的人，」老人說。「要是我這麼稱呼你，那我就是不眞誠。」老人爲了自己的眞誠，付出了昂貴的代價。國王把他關進一個恐怖的監獄裡，一整年後，又把他召到眼前。「你改變心意了嗎？」「很抱歉，可是我還是不覺得你是那樣的人。」他又被放到黑牢裡關了一年，三餐只有麵包和水。老人更消瘦了，可是心意依舊不改。國王很生氣，但也感到好奇。他決定釋放他，暗自跟蹤他。老人回到漁夫的陋屋，受到妻子熱烈的歡迎。

夫妻倆談話的當兒，國王躲在暗處偷聽。女人很氣國王，氣他把丈夫關了兩年，又如此虐待他。可是老人的想法不同。「他沒有你想的那麼壞，」他說。「再怎麼說，他是個好國王。他照顧貧苦，修築道路、建設醫院、制定公正的律法。」國王聽了非常感動。老人對他不但毫無怨尤，反而看到他的優點。國王內心翻騰不已，悔恨交加。他流著眼淚，從藏身處走出，站在老人夫婦面前說道：「我太對不起你們。我做了這麼壞的事，你還是不怨恨我。」老人非常驚訝，說道：「我剛才說的都是眞心話，睿智而高尙的神。你是個好國王。」

國王嚇了一跳。「你剛才稱我睿智而高貴的神。爲什麼？」

「因爲你具備了請求寬恕的能力。」

寬恕的能力為什麼根植於仁慈當中，我們還需要解釋嗎？答案或許顯而易見，不過還是明說的好。當我們背負著憎恨的重擔，我們不可能仁慈。當我們過於自尊，放不下身段請求寬恕，我們不可能仁慈。當我們的感情因為受罪惡或報復的沾染而變了色，我們也不可能仁慈。

唯有不再受過去左右，我們才能夠仁慈。

不過，有時候寬恕有如緣木求魚。雖然我們努力過，內心的寬恕卻無蹤無影。犯行太重，傷害太深，寬恕似乎絕無可能。不過，我們依然可以找到出口。這樣的情境正好可以讓我們了解寬恕眞正的意義。我們必須改變自己的觀點。很多問題若以目前的情境觀之永遠無解，我們必須學會從另一個角度看事情。

舉個例子。你正走在市區路上，走到某個街角的時候，有個人沒有看路一直奔跑，他撞倒了你，還是頭也不回地繼續跑，連聲對不起都沒有。碰到這種情形，任誰都會生氣。可是，想像你從某個高塔頂端看到了這一幕。你看到兩個人相撞。不只如此，你還看到市區有很多其他的人，看到建築物、汽車、公園，遠處有個足球場或機場，看到好多工廠和週遭的村鎮。你從遠處觀看，不但一切盡入眼簾，而且帶著某種程度的抽離。

如此這般，你就是從另一個角度看事情。那場小小的意外在你眼裡變得不一樣了。它的嚴重性大大減低了，因爲你從一個放大的空間、遙遠的地方來看它。

對於我們的問題、傷痛、執著、焦慮，我們也可以用同樣的方式應對。我們可以從遠處觀察它，就像把自己搬到內心的某個地方去。我們會找到核心，一個無傷無痛的地方，一個健全、開放、堅強的所在。我相信，即使受傷最重的人也擁有一個健全的核心。他們只是遺忘了它。

我們要如何找到這個完整無瑕、沒有被生活醜惡面所沾染、妥協所腐化、憂愁所重壓、恐懼而變弱的核心呢？每個人的答案都不相同。有人以靜坐冥思和內心這個充滿喜樂的方寸之間重新得到連結。有人透過體能活動，有人因爲照顧受苦受難的人而看清了自己的本來面目。也有人透過美善、禱告、反躬自省。我們各有各的方式，和這個健康的核心、眞正的自我重新取得聯繫。如果我們不得其門而入，不妨現在就開始尋找。這會是我們一生當中輝煌的探險之一——說不定是最輝煌的一場探險。

一旦我們回歸到這個核心，即使只是一剎那，那些爭鬥、憎恨在我們眼裡會變得荒謬可笑，純粹是浪費時間。我看過很多客戶在觀點改變後，心態也幡然不同。如果我直接了當問他們，是否願意寬恕那些不斷蠶食他們的創傷，十之八九他們會說不可能。可是如果我能幫助他們找到內心的那一點，那個有更多喘息空間、愛與美無所不能的所在，那麼無須多費工夫，寬恕已經在那裡。

不久前，我諮商一位男性客戶。他必須照顧病痛纏身又難相處的老父。他的四個兄弟姊妹把父親丟給他一人照顧，沒有提供任何援助，頂多嘴巴建議幾句——就是是那種說了等於沒說的建議。他對幾個手足滿心憤怨，而誰能怪他呢？如果我跟他都用同樣的眼光來看這個問題，事情絕無解決的可能。所以我請他告訴我他喜歡什麼，想想生活當中所有令他快樂滿足的東西。他喜歡狗，一提到狗臉就亮了起來。他喜歡音樂，也喜歡跑步。想到這些，他心情好過了些。當他跑步、跟狗兒玩耍、聽歌劇的時候，會感覺彷彿重生。我請他重塑那樣的心境。那是他的另一個部分，純淨而寧靜。接著我問，從這個角度看，他對手足有什麼樣的感受。新的觀感截然不同；他不再怨恨，不再自苦。相反的，他爲自己能爲父親做這麼多事而感激一切。

如此這般，如果我們在內心找到一個完整而快樂的所在，寬恕已是水到渠成。我們的身軀無須費力，心理也無須走鋼索。恐懼、疑慮、報復之心飄然遠颺。寬恕會變成世上最容易的事，因爲我們無須做什麼，它已經自然存在。仁慈亦然。要變得仁慈，我們什麼也不用做，因爲我們已經仁慈。

唯一的條件，是我們要允許自己成爲這樣的人。

4 接觸

感動人也被感動

我想，我們一生中最好的時光已經過去。這無足悲傷；無論什麼人、處於什麼年歲，依然有很多成長的空間，也有無數的挑戰待克服、成就待完成。未來的希望無窮，尤其當我們以這樣的目光視之。不過，我相信我們最好的時光已經一去不返。五個月大的時候，是我們的高峰。

那段黃金歲月非常之短。因爲等我們長到七、八個月大，很多事都有了變化。可是當我們才五個月，那是個截然不同的世界。五個月大的嬰兒，多半已忘了出生時的種種困頓；她適應了新的世界，而生命諸般苦難和扞格尚未來襲。這時候，恐懼、貪婪、懷疑都不存在。時間觀念尚未成形，她不必匆忙，不需期盼，無須焦慮。五個月大的嬰兒已夠強壯，協調性也好到可以轉頭環視週遭，和任何人產生接觸。有時候，你會在郵局、朋友家或是公車上，看到躺在母親懷裡的五月大嬰兒。她不認識你，卻凝視著你，突然賞你一個燦爛的微笑。好一個快樂的禮物。

這是接觸至爲純淨的展現。沒有人能做得更好。等到七個月大，嬰兒開始怕生了，對不認識的人感到不自在。可是對五個月大的嬰兒來說，整個世界還是一個大家庭，每個人都有趣而美麗，值得她粲然微笑。

人類的生理時鐘爲什麼這樣設定，至今依舊是個謎。爲什麼人在五、六個月大之前，陌生人都像是朋友，之後戒懼之心便悄然掩至？這兩種心態都關乎生存。和他人接觸是很重要的，防人之心也是。有時候，兩者之間的轉換幾乎難以覺察，有時又明顯得驚人——嬰兒看到不是母親的人，常會大哭大叫。無論是哪種反應，都是失去了上天的恩寵。如果我們幸運，在未來的年歲中還能夠對這樣的恩寵驚鴻一瞥，只是它已不是原本的模樣。它再也不可能如此地不假思索、一塵未染。

幸運的是，有些人多多少少依然保有這種不尋常的能力。他們能與任何人產生聯繫，即使是素昧平生的陌生人。對成年人來說，這種能力展現的面貌各不相同，因爲大人是獨立的個體，說話、行動皆可自主。對某些人來說，與人爲善易如反掌。我想到娜達莉，我們家一個二十一歲的朋友。有一回我看到她走進一個房間，裡頭有好幾個人在用餐。她像皮球般四處蹦來蹦去，和每個人聯絡感情。換成是別人，或許只是揮個手算是對所有人打了招呼，可是她的問候卻是只此一家、別無分號：或以笑容、笑話，或以三言兩語、回憶舊事，隨對象而個個不同。她的招呼語言前後不過數秒，自然又不假思索。每個被她問候到的人都有明顯的改變。他們有的綻出笑容，有的心情放鬆、豁然開朗。

另一個朋友茱蒂也是一例。她是個極端自我中心的人，怕生這回事對她來說似乎全不存在。無論是走在街上、站在人擠人的機場、坐在餐館裡，任何情況下她都能跟任何人談上話，即使是最羞怯最猜疑的人。有一天，她去銀行辦事情。排隊在她前面的男人扭著身子想抓背後，可是怎麼樣也搔不到那個癢處。茱蒂注意到了，主動表示要幫忙：「對不起，你要不要我幫你搔搔背？」她說這話的時候心中完全坦蕩，既無不當動機，也不怕對方有激烈反應。大部分的人會認爲主動提議幫這種忙非常忌諱（接受這種忙也是），因爲這是侵犯陌生人的私人領域。可是對茱蒂和類似她的人來說，這種禁忌不是不存在就是微不足道，所以她的自由空間開闊得多。

這種與他人接觸的能力有什麼用？又有多重要？你可能不用在銀行爲陌生人搔背，不過就某種程度而言，如果你能活用這個天賦，很多未可知的可能性說不定就此點燃，人我之間的能量得以交流，一個新世界於焉開展。總而言之，生活會更加有趣。

我們也可以反其道而行：構築圍牆，而且發現自己也被別人的圍牆阻擋在外。要活下去，這個決定比較容易，也比較務實。再怎麼說，別人很可能對我們的善意大驚小怪。而且，那樣太費事了。保持距離比較安全。可是，沒有外人的滋養——不同的刺激、相左的見解、新奇的感情——生命未免貧瘠。再者，我們下面會看到，與人接觸越少，健康就越糟。無能與他人接觸，可能會導致悲劇發生：孑然一身、與世隔絕。我們變成了自己的獄卒。爲什麼不能對別人開放胸懷呢？原因不一而足，最常見的是：自慚形穢，總覺得別人比我們聰明優秀；優越感作祟，認爲和別人聯絡感情是浪費時間。也或許，我們害怕因此被侵犯、被擺佈，或是害怕受到屈辱或傷害。

說個日本故事。有一天，一個以砍竹為生的男人看到一根竹子從內部透出光亮，結果在裡頭發現一個女嬰。砍竹人和妻子收養了她。不久，女嬰已經長得亭亭玉立，所有的男人都愛上了她。可是這個漂亮的女人不想嫁人。一些追求者百折不撓，所以她點頭說好，不過只嫁給能符合她提出條件的人。可是她的要求都不可能做到，例如她要佛陀幾百年前用的碗，或是天庭某棵樹結有珠寶的枝幹、一襲烈火燒不壞的衣服。追求者企圖矇混過關都被識破，要不就是知難而退，連日皇都鎩羽而歸。女人依舊神聖不可侵犯，最後大家才發現，她並非凡人，而是來自月亮的仙界，因爲前世犯了過錯，放逐到人間做爲懲罰。後來，她的父母要接她重返天庭，不再回來。女人想到要離開養父母很是傷心，可是一穿上羽毛衣裳就忘了一切。日皇派遣士兵，企圖阻止月神帶走她，可是她只留下一瓶長生不老的藥給他。可是，沒有愛，永生有何意義？天皇於是將那瓶藥水帶到日本的最高峰，從此那座山就被稱爲富士山，亦即永生不朽之意。

這是一個關於失敗的故事，一個悲劇。故事中的女人不願打開心胸接納別人，她覺得自己來自另一個世界，因此提出不可能的要求，在自己和別人之間畫上鴻溝。而如果接觸不存在，世上一切珍貴的東西都會喪失價值，即使是長生不老的承諾。

幸好，世上不只有失敗，成功也所在多有。與人接觸的能力是種眞正的天賦，就像音樂、文學、運動細胞一樣。有人天生就善於雜耍或是當數學家的料，有人則長於廣結善緣。而一如所有的才華，這種天賦也有兩面，負面的是這人可能目空一切、百無禁忌，因爲凡事皆輕而易舉。好的一面則是：這人深諳開啓人際關係之道，該說什麼以打破僵局、該以什麼樣的肢體語言表達開放和善意，如何以一個笑容一個眼神深深觸動你，卻不侵犯到你。

我必須承認，害羞內向的我非常欠缺這種能力。我非常羨慕具備這種天賦的人，一如我羨慕具有音樂或文學才華的人。例如，想到要在火車上開口與人攀談就讓我惶惶難安，我得打心底鼓足勇氣才做得到。我會想，我說的話是不是有趣？對方會有什麼反應？他會不會覺得受到冒犯？我該怎麼樣開展對話？話說回來，有些人則是一走進車廂就開始聊天說地，彷彿那是世界上最自然的事。

最近，我見到了已經兩年不見的一個報販。有一陣子，我天天向他買報紙。後來我離開那個城市整整兩年。再次歸來，我又去買他的報紙，而我們一句話也沒說。他跟我一樣，是個非常內斂的人。我只注意到，他臉上露出似有若無的笑容。一個眼神就足以說明：對，我離開兩年，現在回來了。我們都認得彼此，只是不知該說什麼好。這樣也不錯。

如果是別人，或許會把這種情況化爲增進情誼的機會，談談健康、孩子、天氣，或是罵罵政府。我們卻是謹守最低的分際。不過請別誤會，內向本身並不能阻擋我們和別人的接觸。內向的人可能要花較多的時間才能打開心胸與人溝通，可是那樣的接觸更爲深刻，也更持久。話說回來，外向的人在這方面確實佔上風，因爲他們在很多情況下輕易就能把握接觸的機會。無可否認，他們的機會比內向的人來得多。

而無論內向外向，敞開心懷的接觸能讓我們的人際關係更豐盈，遠景也更可觀。存著這樣的心態，我們會把他人視爲開往新世界的窗口，一個能讓我們成長的途徑。我們成長的途徑不一而足，例如發揮創造力、或是冥思靜坐、打開眼睛接納世界的美善、鍛鍊身體、虔誠祈禱等等。對於具備接觸天賦的人，人際關聯是成長的重要工具。和他人邂逅是洞見和改變發生的場域，是通往圓滿人生的康莊大道。

想想看，遇見別人對我們有些什麼樣的影響。和某些人見面，我們會覺得烏雲罩頂，要不就是無聊乏味，事後只覺得疲累，心情也差。有些人則讓我們精神振奮，像充電一般，新點子源源而出。具有接觸天賦的人能夠加速人我之間的化學反應。他們就是有本事開靈啓性，即使對方是最不起眼、最庸俗平凡的人。

這是個任何人都可以做的實驗：先從一個尋常的情境開始，例如搭計程車、到文具店買報紙、坐火車的時候。試著跟計程車司機聊兩句、直視店員的眼睛、找個陌生人攀談。對某些人來說，這麼做自然不過，有些人則需要刻意培養情緒。全神貫注於這次短暫的接觸，並且設想對方也是如此。你會發現世界頓然有了改變：屏障消失，能量開始交流。這雖然談不上是兩個靈魂的遇合，但定然是兩人之間生命力的交換。

從這個簡單動作裡，說不定我們能看清自己內心的蒙障：打從孩提時代就習焉不察的禁忌。不知爲什麼，我們老被教導不該跟陌生人說話。這些久遠、深刻的禁忌，有時候會造成傷害。例如，有個研究發現，有些父母老是灌輸孩子對陌生人要戒愼恐懼的想法，這樣的小孩到了青少年時期，同儕關係往往出現障礙。

接觸別人的時候，我們常會利用若干令自己安心的道具，例如一身稱頭的衣著打扮、令人肅然起敬的專業頭銜、跟某個重要人物攀親帶故、手上拿著最新款式的手機。這些輔助器材令我們安心，而雖然表面上似乎有助於建立情誼，其實有損無益。因爲它們讓我們分心，忽略了眞正重要的東西。

那麼，我們爲什麼要使用那些道具呢？因爲大部分的人都害怕。想想看，你走進一個派對或會議，房間裡一個人也不認識，也沒人爲你介紹。與他人接觸的時候，我們有如赤身露體。我們靠的是自己，不是靠擁有的東西。我們裸露在外，手無寸鐵，只能靠自己的本事。我們有如被置於臨界線，非死即生（這種置於死地而後生的感覺無論多麼令人不快，其實有助於接觸）。因爲不知道會發生什麼事，我們或多或少覺得膽怯。與人接觸，有時候想到就令人膽寒。所以，我們拿角色、面具等道具來保護自己。

有些特殊情況，由於卸去了一切虛假的表面，接觸最眞實也最深刻。例如性愛，就是一種美妙絕倫的接觸。它的最高境界是靈肉合一。不過，性接觸也可能展現出毫無接觸的本質。肉體儘管翻雲覆雨，靈魂卻是貌合神離，形同陌路。

有時候，衝突本身也可以營造出接觸的情境。我的妻子薇薇安有個很特別的習慣，喜歡跟那些粗魯或傲慢待她的人交朋友。不管對方是誰，商店售貨員也好，孩子同學的媽媽也好，只要給了她小小的爲難，例如插隊到她前面、強迫推銷她不想買的東西、說話口氣無禮，她不跟那人理論，反而會試著跟那人攀談。她會堅持而溫和地引那人開口說話，聊孩子、開玩笑、詢問意見、談論天氣，就是絕口不提自己受到的不平待遇。而除非看到對方有鬆動的跡象，例如回你一兩個字，或是露出一絲微笑，否則她絕不罷休。

死亡，也可能是一種接觸的時刻。死亡是個決絕的句點。我們知道，人死不會復返，也不會再有接觸。死亡是告別，是我們最後一次述說對死者的愛的機會。我們知道不會再見到他，不能再對她說悄悄話，一起談天說笑。任何東西都無法干擾死亡，所有的感情和本能就此鬆綁，一種充滿哀矜的接觸於焉開啓。痛苦開啓了我們的心房。它將一切的不必要和膚淺剝除儘盡，一個放空的新的空間讓眞正的接觸成爲可能。

而極端的情況，如飢渴、貧窮、入獄、危難、戰爭，會出人意表地將兩個人拉在一起。這些情況下，遊戲規則丕變；過去有價値的東西，例如社會地位，這時不再重要。一個有名的例子，是普里墨．利未（Primo Levi）和一個獄友在集中營的故事。在那個可怕而孤絕的世界裡，兩個男人談起《神曲》，一時之間，他們彷彿脫離了那個沒有人道可言的囚籠。利未向這位獄友解釋但丁〈地獄篇〉中關於尤里西斯的詩文。他勉強記得那些詩句，而且發現很難譯成法文，可是兩人藉由詩詞之美而有了遇合。在那短暫的片刻中，套用利未自己的話說，他忘了身在何方，不知今夕何夕。

音樂也是接觸的另一種觸媒。這裡也一樣，在創造和欣賞音樂之美之際，禁忌和社會規則俱已消失，至少鬆緩不少。多年前，我有幸參加印度音樂大師拉維．香卡（**Ravi Shankar**，印度西塔演奏家及作曲家）的一場演奏會。會場是個私人宅邸，在音樂會開場前，我見到了他。我早聽說他那天喉嚨痛，看來他確實不舒服。不久，樂隊開始演奏。在樂音間極短的幾次休止當中，樂師們互相凝望。那是一種深深的凝視，目的在於統和旋律，而我相信，也是爲了靈魂和鳴。顯而易見，那幾位樂師在一種超越時間的空間內遇合了。那樣的遇合充滿了喜悅，眞實而明顯地呈現在大眾眼前。演奏會終了，希卡爾顯得容光煥發。

接觸能力對健康有決定性的影響，這點無庸置疑。比起無能構築人際關係的人來，善於與人接觸的人擁有較大也較強的社會支援網絡。有項研究直接測量個人社交能力和免疫系統功能的關聯，他們對三百三十四位受試者發問卷兼訪談，以檢視這些人的社交能力，亦即日常生活中各種人際關係的質與量。接下來，他們讓受試者暴露在一種常見的感冒病毒下，結果發現，社交能力越強的人越不易感染病毒。至於年齡、精神狀態、壓力或養生習慣，例如運動及服用維他命，則與這個發現完全無干。

由此可見，缺乏接觸或是接觸不足的後果多麼嚴重。打從七〇年代開始，社交隔絕對生理機能的影響就一直是眾多科學研究的主題，而最主要的結論是：缺乏接觸和多種疾病以及短壽都有關聯。它對健康危害之大不下於抽煙。社交隔絕的人罹患心肺疾病、睡眠障礙、憂鬱症、背痛、記憶減退的機率較大，尤其是老人家，缺乏刺激很可能是致命之源。

接觸能力是仁慈的一個基本面向。你和某人產生接觸，就是找到了他的心。你會覺得那人就在身邊，完全爲你而存在。此時此刻，你在那人眼裡是第一要務。你舉足輕重。

人與人之間若是缺乏接觸，整個世界都會變得灰暗而機械化。人際互動有如機器人，不似眞人。往來沒有實質內涵，表現出來的仁慈——如果我們能這麼稱它的話——只是虛有其表的禮貌，空洞無心的儀式。接觸是一道門，可以讓仁慈之水流過的門。

一個社會的經緯，是由所有人的人際接觸交織而成。這些接觸越擴越大，形成了一個網絡。有人用數學模式研究過這個網絡，發現不少類比：電流、哺乳動物腦部的神經線路、細胞內的化學反應、網際網路的繁衍、整個地球的生態。它們的共同點是：都具有錯綜複雜的關聯，其中的元素個個舉足輕重，能夠影響極其遙遠的其他元素，甚至產生驚人的連鎖反應。無論我們自覺多麼孤立，依舊和數百萬人脫離不了干係。史坦利·密爾格蘭（Stanley Milgram）曾經檢視人際距離的程度。這項知名研究指出，我們常會發現無意中碰到的人和自己竟然有共同的朋友或親戚，這其實不是鮮見的巧合，而是有規則可循的定律。我們身在一個密實的網絡中，與他人交流的密切出乎我們的想像。而我們對他人也有意想不到的影響力。和他人的接觸——交情深淺、品質好壞、挫敗、鼓舞或滋養的能力——在在能夠改變他人。改變他人的心境，就有如繁衍出無數的自己。

在日常生活當中，觸及他人生命、從而改變世界的機會，其實俯拾皆是。

5 歸屬感

我屬於，故我在

我因爲住在鄉下，每天必須開車經過幾條鄉間小路才能上到高速公路去上班。這些小路依然保有它慣常的悠緩步調，有時候實在有點慢。一個美麗的夏日早晨，我發現自己開在一臺曳引機後面，車上的男人每隔二、三十公尺就停下來跟人聊天，而這條蜿蜒的小路太窄，我無法超前。雖然他每回停下只有幾秒鐘——打個招呼，換個小道消息之類的——，但已夠我緊張的了。我不知道他能跟那些人聊什麼，不過顯然都不是緊急的事情。而跟在他身後的我因爲趕著上班，只能一面發火一面等著他結束談話。我不能按喇叭催他——在這種地方按喇叭，別人會認為你沒有禮貌，要不就是神經病。我只能等，一面製造怒氣。

我突然領悟到怎麼回事：我感受到的不是氣憤，而是忌妒。這個在我前面的男人以他一派平靜的農民步調，擁有一些我這個匆匆忙忙的通勤者所欠缺的東西。那不只是和我形成強烈對比的寧靜心情，更是一種特權——這種特權多半是生長在鄉間的人所獨有，是一種歸屬於某個由父母、叔伯、子女、表親構組而成的親情網絡的感情。同樣的習俗聯繫著這個網絡，不只是一輩子，更是世世代代。這些人都是某個生命共同體的一部分，不但相互認識，也深知彼此的幸與不幸、喜怒哀樂。反觀從城市搬來沒幾年的我，這些一概闕如。雖然他們總是彬彬有禮地對我打招呼，可是我並不覺得屬於這裡。我們之間的差異，有如一方是棵百年老樹，扎根深廣、和其他樹根錯綜交纏、對養育它的土地一清二楚；一方則是一株新近才從外地移植過來的小樹。那個每隔幾十公尺就停下來的男人並非有意對我無禮，他只是在確認他活絡的人際關係。他在確認他的歸屬感。

歸屬感既是基本需求，也是一個問題的答案。我們常會自問：「我是什麼東西的一部分？」這個問號和另一個關鍵疑問不但類似，說不定還互相交疊：「我是誰？」我們都屬於某個家庭、團體、社會、職業機構，這種關聯定義了我們，給了我們據以生存的理由。沒有這種歸屬感，我們會感覺一無是處。沒有旁人當作座標，我們很難甚或永無可能認識自己。所以我說歸屬感是基本需求，一如我們需要食物、飲水，或是一方遮風擋雨的屋頂。

你可能聽到自己在抗議：「你必須學會獨立，要自己站起來！」可是歸屬的衝動先於一切。這股需求之所以異常強烈，或許是拜人類久遠的歷史之賜——在那種時代，要存活唯有加入團體一途，任誰都無法獨自過活。即使是現代，在這個步步危機、處處威脅的世界裡，我們置身於無數的危殆，前路更有年老、病痛靜待我們入甕，我們依然需要唯有其他人類才能提供的保護和安全感。

對很多人來說，歸屬感必須靠日常生活中的小小儀式才能持續或強化。一天我去加油站加油，一個男人經過我身邊對服務生說：「喬凡尼，你說說看，今天會不會下雨？」「絕對不會。」這就是了。這段對話有什麼用處？顯然不是交換氣象資料。它就算不空洞，似乎也是毫無重點。然而它其實舉足輕重，因爲它有流通能量的功能，讓兩人之間的歸屬感再度得到印證。在酒吧或報攤上的幾句閒聊，在街上不期而遇，銀行排隊時的小小攀談，從車上向外揮手招呼，工作時間藉著喝咖啡小聚片刻，等著孩子放學。這些小小的儀式能為歸屬感重新注入活力，讓我們重新感受到自己屬於社群的一部分，在我們不知不覺中帶來撫慰和安心。歸屬感在小鄉鎮裡比較容易，因為誰都認識誰，在城市比較難。週末是最能突顯歸屬感或孤獨感的時候；有強韌支持網絡的人過得很好，其他人就有罹患週日憂鬱症候群之虞。

在我心理治療的工作中，我常看到歸屬感受到傷害或是無從發揮。我們要學會成為一個群體的一份子，最初是始於家庭，理想上它應該能夠保護、培育我們；接著依次在學校、朋友之間和職場。如果這股歸屬感的需求不能得到滿足，困頓不安就油然而生，我們會變得憂鬱沮喪、失去重心、敵視別人。

更甚於人類歷史其他時期，這股歸屬感如今被新興的習俗、社會的變遷、科技的更新阻隔在外了。這些新事物或許能讓日常生活更平順、更實用，卻也更冷漠。利潤和效率打敗了溫暖與和諧。舉個小例子。我常到住家附近小鎮的一家水果行去買醃泡的朝鮮薊。那家店賣的朝鮮薊很好吃，我知道是店主親自挑選的，因為他在提到自家產品時，語氣總會帶著唯有精挑選細的店家才有的自豪。我們時不時會閒聊幾句。一天我又去，發現它門窗緊閉。透過窗玻璃，我看到空蕩蕩的店面，紙箱散置一地——商店關閉典型而悲哀的景象。又是一家店消失了。我後來察覺，賣朝鮮薊的老闆之所以關門，是因爲附近新開了一家超級市場。這個富麗堂皇的大賣場破壞了小鎮原有的結構，也使得交通一片混亂。我來到超級市場，眼前出現不下二十種朝鮮薊。我要的品牌或許也在其中，可是我已經沒有心情。我跟著大家，推著推車到嗶嗶作響的收銀機前排隊。在這裡，我知道我只是一堆經過盤算、被預知一定會出現的人潮中的一個。我的世界變得更冷漠了。

還有一個重要因素使得這種情況雪上加霜：我們住在一個個人主義盛行的世紀。個人備受各種頌揚。要標新立異、要有原創性、要和別人競爭、要當第一名，這樣的觀念如今是很多人的圭臬指標。它也是一個據以論斷、崇拜他人的標準，一種我們用以塑造一己生活的價值觀。不過，情況並非一向就是如此。在過去這麼多時代、這麼多文明當中，個人並不是那麼重要，甚至連孕育個人主義的環境都沒有。個人主義的沿革發展證諸於藝術史上，可謂昭然若揭。在中古時代的歐洲，藝術的主軸是神人聖者，它最大的用途是教育不識字的文盲：各種繪畫和浮雕上描繪的通常都是聖經故事。之後是個重大突破，幾乎一夜之間，也就是文藝復興時代之初，畫布和壁畫出現了當代人物，他們的人體之美、人性尊嚴和創造潛力都被人拿來歌詠。個人的光環變成了重點。

這是新的典範，人類的可能性也爲之倍增。既然每個人都是獨一無二，那麼個人該如何發揮一己的諸多天賦和特質？在過去，這個問題不曾有人深思過。這個不尋常的觀念觸發了爾後無數的發明和勝利，而所有這些改革經過數百年的吸收消化，才成爲當今文化的一部分。現在，它是我們的共同遺產，卻開始以廉價、商業化的型態呈現。確實，這段人類進步的非凡時期是以個人地位的提升作爲基石，可是它的代價高昂：我們的自我被膨脹，我們忽略了社群，忘了自己是人類的一份子，應當和諧相容。身處於現代的我們，常在兩個極端中不安地來回擺盪；一邊是要求一致性、當個大眾裡的無名氏，另一邊是對個人原創性的迷戀。而我們往往忘記，我們是屬於社群的。

感受到自己是團體的一份子，能帶給我們力量。下面是一則猶太故事。一個極好的國王即將駕崩，他當著滿朝哭泣的臣民，差人拿來一根弓箭，要力氣最小的一個人折斷它。那人輕易就折斷了箭。接著國王將一堆箭綁在一起，要力氣最大的人試著折斷。那人用盡全身力氣，卻是怎麼也折不斷。國王於是對著臣民說：「這就是我的遺產。我把團結留給你們每一個人。你們要團結一致。只要心志如一，你們會獲得任何個人絕對無法達到的大力量。」

歸屬感，也就是自覺屬於某個大我一部分的感受，對個人幸福而言是不可或缺的要素。它牽涉到我們的身、心、靈。好幾個研究證明，尤其是以學生和老年人爲對象者，這股需求如若不能滿足，憂鬱沮喪容易趁虛而入。更有甚者，在我們形隻影單的時候，往往會不計後果尋求與外界的關聯，甚至和暴力團體、極端主義或危險份子攪在一起。很多青少年之所以被邪教和幫派吸收，這就是原因之一。對自己的定位感到困惑、和家庭疏遠、和社群的關聯薄弱、自覺一無是處、歸屬感不能滿足，可說是容易誤入歧途的年輕人典型的繪像。如果你的成長過程中並沒有眞正被家人、學校或社會接納，你會認爲同儕的肯定很重要——你覺得他們是你的同類，而那些人也認同你。年輕人往往就是這樣走入邪教，之後才發現脫身不得。

而除非你是個備受歡迎的萬人迷，每個人的人生歷程中難免都有被排擠的經驗：小時候沒人要跟你玩、沒人請你去參加派對，或是足球隊選隊員總是遺漏了你。我最鮮明的一段回憶，是唸高中的時候。當時老師指定了幾個研究主題，要同學兩人或數人一組完成。大家紛紛選擇了主題和隊友，我不久就發現，沒人要跟我一組。那一刻的靜默冷得如冰如雪，我感覺自己有如空氣中的一粒游塵，無依無靠。這時候，我的同學葛伊多主動表示他要跟我一組，大大拯救了我。多麼大的解脫！他挺身而出，純粹是出於同情，還是因爲他眞的希望跟我同組？答案其實並不重要。我感覺安全了，因爲畢竟我也屬於這個團體——雖然過程不盡完美。

因此，身爲團體或社群的一份子，好處不只一端。我們覺得被肯定、和他人有了關聯，驅走了孤獨的可怕陰影。不過，我們往往也得付出代價。我們必須符合這個團體的文化——它的理念、生活型態、穿著、說話、飲食，甚至對音樂或運動種類的喜好。有時候，它索取的代價如此之高，連我們的自然本性和表達自由都受到了壓抑。屬於一個團體也有不少潛伏的危機。我們會變得盲目隨俗、歧視非屬團體的外人，而且我們感到的快樂可能是虛幻的，因爲它並非出於眞正的力量，而是以歸屬的安全感作爲基石。

和歸屬感異曲同工的是受人支持的感覺——你相信所屬的社群在你急難之際會對你伸出援手。兩者雖然類似，不過後者的重點在於你可能從他人身上得到實質的幫助，而不只是被接納的感受。這兩個詞彙有時候會被視爲同義字使用。研究發現，支持感對生理和心理健康都格外的重要。能夠信賴的朋友越多、友誼越深厚，我們就越長壽、越健康。很多研究都突顯出這個事實。狄恩．歐尼許（Dean Ornish）的著作《愛與生存》（*Love and Survival*）對它就有鉅細靡遺的闡述，茲舉數例如下。在瑞典，一萬八千個男女參加一項研究，受試者被追蹤長達六年。那些自覺形隻影單的人英年早逝的機率比一般人高出四倍有餘。一個以一萬三千人爲對象的芬蘭研究發現，和社群較有聯繫的人早夭的機率比遺世獨立的人少了二到三倍。美國密西根州涉及三千人的特庫賽研究（**Tecumseh Study**）指出，自覺支持感較弱的受試者罹病（心臟病、腦溢血、癌症、關節炎、肺部疾病）的次數比一般人高出二到三倍。一位雷德佛．威廉（Redford William）醫生對一千四百個心肺疾病患者進行研究，已婚或是有對象可以傾吐心事的病人存活機率比一般人高出二、三倍。

被人支持的感覺和歸屬感基本上是同樣的東西。畢竟，兩者的反面都是孤寂。孤寂和孤單不同；孤單是指一人獨居或是長時間獨處。有時候，獨處令人輕鬆自在，予人自由和天地遼闊之感。而眞正的孤寂——天地悠悠，獨立蒼茫——則不然。它是一種無論你發生什麼事，對別人都沒有絲毫影響的寂寞；是任誰都沒興趣聽你想什麼、說什麼；是你對任何人都沒有意義可言。那種一種即使你離開了世間，萬事依然會繼續運轉如舊的感覺——誰也不會注意到。

那麼，歸屬感是端視客觀情境而定，還是時時有所改變、而且連在困境（例如孤寂、對別人來說只是個無名氏、環境動盪等）之下都能產生呢？我個人比較傾向於後者。每個人都能在某些團體裡覓得歸屬感，可是我們到底有多大的彈性？又能適應多少身份？我是非得在橋牌俱樂部、置身於白人、和我同一宗教的信徒、同一球隊的球迷在一起才有歸屬感，除此之外就如喪家之犬呢；還是不論我在何處，都覺得和別人有共通之處？而我的歸屬感能不能延伸到動物、地域甚至整個人類呢？

雖然歸屬感往往要看一個人的地域關聯而定，不過超越小我、自覺屬於大我社群的歸屬感是可以培養的。我記得在我開拓事業之初，常常要到不同的歐洲國家巡迴講學。那樣的經驗常令我心灰意冷。雖然我到訪的國家都屬於歐式傳統，可是幾乎每一回我都感到文化的衝擊，痛苦地察覺到各地生活步調、行事風格、語言和心態的不同。我老覺得自已一定要入境隨俗，而這是個艱鉅的任務。每回研習會完畢，我都筋疲力竭。

我記得我對一個同事的態度深感訝異。她經驗比我豐富也比我資深，多年來輕輕鬆鬆在世界走透透；這個週末去日本，下個週末去澳洲；一個星期在芬蘭，下個星期在以色列。這樣的奔波勞頓她不但不以爲苦，反而像充電一般，從中獲得新的能量和活力。她是怎麼辦到的？我告訴她，我覺得研習會上學員的文化差異對我來說有如煎熬。我至今還記得她有如醍醐灌頂的簡潔回答：「你知道，他們跟我們沒有兩樣。」

這是一種優質的歸屬感，在任何情況下都能悠游自在、興味盎然。有些傳統心靈教派對這種開放的胸襟早有肯定。例如基督教，就把所有的人都看作是主內兄弟姊妹。西藏密宗則要我們實踐一種奇異的心靈鍛鍊：將遇到的每個人都視爲前世的母親——我們過往的生生世世是一串不斷的輪迴。這人或許是個陌生人、是個粗魯無理的司機、滿嘴髒話的小流氓、漫不經心的售貨員或是懶洋洋的服務生，只要想到這人前世可能是我們的母親，在我們無數的前生中曾經養育過我們、照顧我們傷痛、忍受我們脾氣、爲我們洗衣燒飯，那麼這人就不再是陌生人。他是一個無垠無盡的大家庭的一份子，而我們每個人在這個大家庭中都有一份歸屬的權利。

因此，我們的歸屬感可能是僵化而陳腐的——只限於一個小小的圈子；也可能是自由、活潑、有彈性的——即使在最困難的境遇下，也能讓生活更輕鬆、更愉快。在我看來，這樣的心態和仁慈顯然大有關係。如果我視你爲異類，或是看你的眼光總是帶著狐疑或無動於衷的漠然，我不可能對你有仁慈以待的衝動。反之，如果我認爲你我同屬人類、具備同樣的本質，雖然生長經驗不同，可是我們出於同根同源，未來承擔同樣的命運，說不定我就會願意對你敞開心房、對你的境遇感同身受。換句話說，我會感到仁慈。

一如自身的歸屬感能夠修正，我們同樣也能影響他人的歸屬感。我們有能力以林林總總的方式讓別人感到被接納或排擠：以言詞、眼神、一般的肢體語言。我記得多年前有一天，我去參加一個研討會。我必須和幾位夙負盛名的專家坐在一起，同席發言。當時我的事業剛起步，我怯生生地坐在桌子一頭，另一頭是四、五位大師級人物。我們都面對觀眾，輪流簡短發言後才一起開始討論。坐在我身旁的是個赫赫有名的大學教授，打一開始坐姿就和我呈九十度角，從頭到尾整個人就背向我，只注意他的同僚。我沒有氣惱——爲這種事傷心未免可笑。可是我領悟到，光是以身體的姿勢排拒或接納別人是多麼地容易。

幸好，我們也可以以這位眼高於頂的教授爲戒，反其道而行。幫助他人得到接納感，機會比比皆是。在這場競賽中，我們既是裁判，也是球員。每個人都有能力耕耘自己的歸屬感，也都有能力決定要不要接納別人。

這完全繫於我們願意自己有多仁慈。

6 信任

你可願意冒險？

一天，我發現自己身在伊斯坦堡這個奇妙的城市（雖然這個故事可能發生在任何地方）。那時候我還是個年輕的哲學系學生，尚不識世間的人情險惡。一個滿面笑容、看來和善的人走近我，提議用極高的匯率跟我換錢。我說好，他就拿著錢走了，還囑我在街角等他回來。我等了又等，許久後才恍然大悟，他根本就沒打算帶著換好的錢回來。我回頭一想，可不是嗎？他離開的時候腳步那麼匆忙，不旋踵就消失在這座迷宮似的古城裡。

沒錯，我曾經天真得不可思議。可是我們非下這樣一個結論，說我們居住在一個搶騙偷盜的世界，所以誰也不能信任嗎？信任，就像押寶一般。每當我們付出信任，我們可能贏，也可能輸。將祕密告訴朋友，朋友可能洩密。對伴侶忠貞信任，伴侶卻棄我們如敝屣。信任這個世界，卻被它壓得粉碎。事情每每如此。可是，不信任更糟。如果不冒這個險，我們什麼都贏不到手。

因此，不管我們是否察覺到，每一份信任當中都帶有一絲戒慎恐懼。原本有利的情況，到頭來變得危險重重。我們心知肚明，生活並不安穩，它充滿疑慮。每個抉擇都是一場賭注。然而，當我們付出信任，那絲恐懼就透出了樂觀：生命，即使處處陷阱、疑慮重重，畢竟是美好的。

信任本身就隱含著賭注。如果我們對任何人、任何事都有百分之百的把握，信任就無價值可言，就像金錢，突然漫無限制地製造；或是陽光，如果太陽永遠普照大地；或是人生，假設我們可以長生不老。但我們也知道，信任的結果很可能是受騙，甚至是自找麻煩。信任是很昂貴的，我們的意願有多高？

我十一歲的兒子艾密利歐，央求我准許他做煎餅。我立刻想到火災和眼淚、地板上到處是麵粉，更別提難以下嚥的煎餅。可是看到他眼中的希望和熱切，我答應了他。不久，我走進廚房，發現災難並沒有發生，只有一疊堆得漂漂亮亮的煎餅。艾密利歐很得意他的傑作，煎餅也很好吃。這就是信任的功效，不但製造了煎餅，也製造了滿足和獨立。反之，不信任票（「只有大人才能做煎餅，」）只會製造挫折和困頓。

再舉個正好相反的例子。有一回我爲一個有竊盜癖的客戶做心理諮商。她位居要津，可是完全克制不住順手牽羊的衝動。她一想到四下無人，就想偷東西。一隻筆、一本書、一把剪刀，隨手抓了就藏在手提包裡。她的偷竊行爲總是伴隨著焦慮。她是個名氣響亮的重要人物，一旦被逮怎麼辦？勢必是一場災難。可是一等她走出店門，她就覺得欣喜萬分，意氣昂揚。與我合作之下，她了解到自己偷竊的衝動原來是對缺乏信任的對抗。她從小到大，家裡什麼東西都上鎖，什麼都要用鑰匙打開，而且家人之間誰也不信任誰。沒有人會把東西亂放，整個家永遠是乾乾淨淨、一塵不染——空蕩得令人難過。鎖上的櫥櫃不斷告訴她，我們不信任你。我們怕你會偷東西。你不誠實。於是她開始偷竊。

毫無疑問，不被信任對人格有深遠而持久的影響，而且這種影響是破壞性的，令我們輕看自己。信任正好相反，它輔助、培植我們，倍增我們可能的成就。信任和溫暖一樣，是一種可能要溯及人類進化史遠古時期的本質。這是哺乳動物的一大特色，尤其是人類。人類的存亡和信任與否息息相關。試想，一個嬰兒躺在母親懷抱裡，不就是完全的臣服狀態。嬰兒似乎是生就要被抱在懷裡，反過來說，母親的懷抱有如爲它量身打造。在生命的第一年，我們或許具備了基本的信任，日後伴隨我們步步前進；也可能不具信任，因而讓我們日後跌跌撞撞，終其一生都活在恐懼和憤怒中。身爲依賴性最重也最久的物種，我們將自己交托給父母，我們信賴他們的照顧和保護。拜這股依賴之賜，我們比其他任何物種可以有更多的時間去玩耍和學習，而無須擔心存亡問題。信任，是人類與生俱來的生理特質。

或許正由於信任是人類的生理元素，它和健康的關係密不可分。研究發現，比較信任他人的人普遍健康較佳。如果你早上醒來第一個念頭就是防衛自己、擔心自己或家人會有不測，比起你將世界視爲溫暖的觀感來，你當然悲慘得多。一個涉及百位受試者的研究發現，這些五十五到八十歲的男男女女，信任別人的人不但健康較佳，對生活也較爲滿意，而十四年後做的後續研究更發現，信任他人的人活得更久。研究小組因此得到結論：信任對人類健康有保護作用。另一個以大學生爲對象的研究則指出，比較信任人的學生較有幽默感。

商界的情況又是如何呢？我們想當然耳，商場上的頭條法則應該是謹愼防人，而非信任。然而即使諸多研究拋出同樣的問題：信任氛圍濃厚的企業，會不會比不信任的企業成功？答案永遠是：以信任爲常態的企業運作較佳。怎麼可能會有其他答案？試想，我們在什麼樣的情況下工作績效較好？是在一個友善、團結的群體裡，還是一個人人自危、互相猜疑、對別人的言行舉止疑神疑鬼的團體？

信任的效果在任何行業都能發揮。信任顧客，是良好的生意經。穆罕默德．約拿士（Muhammad Yunus）是孟加拉葛萊敏銀行的創辦人，他貸款給赤貧的百姓，協助他們創立小企業，例如雨傘、船舶、紗窗、香料或化妝品工廠。他的貸款沒有任何規定和限制，無須保證金（客戶反正也付不起），也不用簽約，只要口頭承諾就好。約拿士對人類的潛質深具信心，結果證實了他沒看錯。他憑著這股信心，幫助數千人擺脫了貧窮，晉升到一種尊嚴而獨立的生活。這不是慈善，而是很好的生意眼：他的貸款償還率高達九成九，比一般銀行的有錢客戶還高。

信任有種釋放壓抑和紓緩創痛的功能——它之所以有健康效果，這也可能是原因之一。我們身上的恐懼、疑慮、猜忌，不但阻滯了行動，也銷蝕了精力。花了可觀的心力在擔心憂慮和自我防衛上，我們哪有餘力發揮潛能、採行新構想、揮灑創意、享受生活？而雖然謹愼是企業生存的必要條件，卻也可能讓它的腳步遲疑或卻步不前，嚴重的話還會讓企業無法正常運作，最後只有關門一途。

賦予信任，猶如送人禮物。當我信任我六歲的兒子喬納遜，相信他替我端咖啡來不會灑出來；當我把一本書借給一個同事，指望他一定會歸還；當我對朋友傾吐祕密，知道他不會告訴別人；我就是送人一份信任的禮物。我等於對他們說：「你做得到。你值得我信任。」信任這個禮物是我們關係的肯定。它強化了對方的力量，也擴展了他可能的成就。

我們剛才說過，信任裡隱含著風險。付出信任，有如讓自己處於一個容易受傷的位置。祕密可能被洩漏，咖啡可能濺到地毯，那本書可能永遠就此消失。可是，就是因爲容易受傷，信任才有價値。因爲如果信任是穩賺不賠，就跟僵化的官僚體制沒有兩樣。因爲我們願意冒險，信任才有了溫度，也才彌足珍貴。

要是我不讓喬納遜幫我端咖啡，或是不借書給同事、不把祕密告訴朋友，那會如何？這或許是聰明的抉擇，但也等於將那些人可能有的人生成就刪減了一項，說不定還毀損了他們的自信。這也等於將他們拒於千里之外，因爲如果我對兒子或朋友有信心、願意參與他們生活、給予認同，我和他們會親密得多。我看著喬納遜兩手端著咖啡從房間那頭走來，準備拿給客人。他一時分心，腳下一個踉蹌，差點沒被地毯絆倒。杯裡的咖啡劇烈搖晃，驚險萬狀。他很可能翻倒咖啡、燙傷自己、讓杯子掉在客人腿上。可是他沒有。咖啡杯安全抵達了目的地。我對他有信心，我願意冒險。我站在他一邊，在他進行探險之際變成了他的一部分。信任能創造親暱，不信任則會拉遠距離，甚至豎起屏障。

因此，我們可以用兩種南轅北轍的目光來看這個世界。第一種，是希望一切安穩，毫無意外；另一種，是接受不安穩是生命一部分的事實，知道追求絕對的安全是癡人說夢。很多古老的故事都涉及一位權大勢大的國王，他知道自己處境危險，因爲有人想謀反。他試圖防範，可是終究失敗，因爲沒有人沒有弱點。每個阿奇里斯都有個致命的腳踝。第一種目光下，我們用猜疑將自己和他人隔開，第二種則讓我們趨近人群，知道大家是生命的共同體。秉持前者心態的人是悲觀的，總想找個蔽蔭以防攻擊、欺瞞、盜竊等罪惡的侵襲，警戒系統永遠開啓。後者心態的人對自己和他人的感情比較樂觀，甚至認爲不安穩正是新奇有趣的源頭之一。

兩種目光都可以解讀這個世界。在街上，一個陌生人走向你。這時候你心頭怎麼想？浪費時間，又是討厭的推銷員，想賣給我無用的玩意兒。也說不定是個流氓無賴？你的警戒鈴開始鳴響。你心想該說什麼才好，該如何擺脫他或是如何保護自己。你很緊張，說不定還會害怕。他以堅定的步伐向你走來。他看來很危險。可是，不是，他只想要把你踏出車門時掉落的鑰匙還給你。警戒系統關上了。

我們要讓這樣的警戒系統開啓多久？舉目四望，週遭盡是警戒和防禦系統，這是我們心理狀態的反映。監視攝影器把我們的一舉一動拍攝下來。遙控的大鐵門好像在說：「止步！你是什麼人？」。海關官員打開行李，讓警犬又嗅又聞。商店裡的電子監看系統確定我們沒偷東西。鐵門鐵窗外加特製的安全鎖。檢查僞鈔的機器。即使沒有盜竊發生也會鈴聲大作的警鈴。機場的安全閘門、巡視城市的直昇機、當作路障的鐵絲網、一有人經過就放出喪膽吠叫的惡犬。這些防禦設施或許必要，卻時時做出恫嚇，讓我們焦慮難安，心神不寧。

這種警戒設備，無論是人、動物還是機器，無非是恐懼的體現。偵測裝置、路障、鎖匙，在尚未出廠前就已在我們內心成形。我們日復一日地使用它、強化它，把大量精力投資在上面，希望它精益求精、效果卓著。即使不再有需要，我們還是繼續要它發揮功能。

我們也可以拆下防禦。我去過一家餐館，裡頭沒有出納。你用完餐，自己打開收銀機把錢放進去，必要的話也自己找零。如此備受信任，那是多大的寵幸！連食物都增加了幾分美味。幾年後我又去，卻遍尋不著那家餐館。原址已經換成一家保險公司。說不定它過於信任了。所以，我們怎麼知道該不該信任呢？

最近一項研究發現，高度信任的人並不是天眞，而是具備一種洞見，可以分辨出誰可信、誰不可信。低度信任的人因爲缺乏這種能力所以不信任別人──他們乾脆對誰都說不以策安全。這種人的社交生活貧乏得多。一定程度的防人之心顯然是健康而聰明的。可是當它變成人格的一部分、塑造了我們的世界觀而讓我們肌肉無時無地不緊綳，那麼它就成了障礙。

信任和仁慈往往連袂而來。仁慈的人信任別人，願意冒險。仁慈帶領我們親近他人。付出信任，就是仁慈待人。如果某人一開始看來和善仁慈，可是關鍵時刻卻對我們沒有信心，我們對他會有什麼樣的感受？這種仁慈沒有實質，只是沒有靈魂的表皮禮貌。反過來說，要是他對我們比我們對自己更有信心，我們會有什麼感覺？我們會覺得精神振奮，因爲那股信心能讓我們發掘出或許連我們自己都不知道存在的特質或能力。不僅如此，信任更是圓滿感情的精髓。我的朋友約翰．魏特摩（John Whitmore）擔任企管顧問，主導過數量驚人的研討會和研習會。他問過很多人同樣的問題：在你一生當中，什麼樣的關係讓你收穫最多、激勵最深？爲什麼？答案幾乎毫無例外：被信任的關係。

且看下面這個例子。一項研究以三十二個成年人爲對象，測試信任的效果。一九九二年九月十一日，一場颶風侵襲夏威夷的考艾島，他們都是倖存者。當被問及：「在颶風期間和過後，信任——無論是對自己、別人或上帝——，對你的生活有些什麼樣的影響？」這些分屬於八個不同族群的受試者回答：信任在許多方面都展現出正向的影響力，例如感恩的心、負起責任、互相扶持。研究者指出，信任不但讓這些大難不死的人更有自尊，也增益了他們和家人朋友間的感情。而最大的好處是恐懼減少、安全感增加，這些都是讓受試者化險為夷的助力。

還有一項研究，檢視幾個因意外重傷病人的行為變化。那樣的創傷為他們帶來什麼樣的轉變呢？研究顯示，這些受試者對別人的信任感升高了，因為他們沒有力氣也沒有行動能力，不得不假手他人照顧。要知悉遭逢重大意外的人心裡到底怎麼想並不容易，可是有一點是確定的：他或她的情況丕變，對自己的行動和生活不再具有控制權。迫不得已，他們只好順服。

我們發現，信任的重心就是順服。放手任由它去的態度，對我們有深厚而革命性的影響。我們憬悟到自己無能控制一切，不如放棄追求穩定的念頭（或稱穩定的幻覺），於是將自己放空，接受命運的安排。這樣的改變能帶來緊張的緩解。放空自己，是重大的心靈突破。我們不但在信任當中找得到它，其他特質當中也能，例如寬恕和愛。而當我們面對看似無解的問題，也能看到它的蹤影。當我們放棄一切努力，解答卻弔詭地浮現。順服之後，理解往往接踵而至——我們每每在藝術創作、祈禱、科學思索、冥想當中看到這樣的過程。

有個西藏故事，說一個非常虔誠的人四處尋求開悟之道。一個聖者路經他居住的村莊，那人請聖者傳授他冥想的方法。聖者對他解釋：你要從世上隱遁，每天要如何如何冥思，就會達到開悟。那人於是搬去山洞居住，聖者怎麼吩咐怎麼做。時光流逝，可是開悟毫無蹤影。兩年、五年、十年、二十年，多年後聖者正好又經過這個村莊。那人跑去見聖者，說他雖然盡心努力，依然達不到開悟。聖者說：「噢，是我的錯，而且錯得離譜。那種冥想方式不適合你。你應該用另一種完全不同的方法才對。可是現在為時已晚。」

那人垂頭喪氣地回到山洞。他失去了一切希望，沒有任何期盼，努力和企圖心也蕩然無存。他不知如何是好。所以他做他最拿手的事：開始冥想。不久，他驚訝地發現迷霧散去，一個奇妙的內心世界展現在他眼前。他感到光明和重生。就在那一刻心靈的狂喜下，他開悟了。他快樂地離開了山洞，看到週遭的世界整個變了樣：帶雪的山頂、純淨的空氣、蔚藍的天空、燦爛的陽光。他很快樂。他知道自己已達成所願。在迷人的美景下，他彷彿看到那位聖者正慈祥地對他微笑。

為什麼這人在完全無意嘗試的那一刻成功達到了開悟？因為他讓自己完全放空。印度神祕主義宗師雷馬克利斯那（Ramakrishna，1834-1886，近代印度教領袖）說過，我們必須讓自己像樹上掉落的葉片，不存重心和標的，隨著空氣自由旋舞。付出信任，就是把自己放空。我們知道我們不可能擁有全然的控制。剛開始我們或許會驚慌，而一旦緊張消散，我們就自由了。

是的，付出信任，就是放空自己。我們知道世事無常，任何意外都可能發生。於是我們不再緊繃，心靈同時開啓，以迎接新的可能。這是一種前所未有的嶄新心境，因爲此時此刻，我們和熟悉的一切完全脫離。而它也是一種極爲古老的感受，因爲在所有的背叛和失望出現之前，信任別人曾經是我們生命的核心本質。

7 專心

當下就是唯一

這是個道家的故事。

有個中年人喪失了心智，什麼都記不起來。晚上，他不記得白天做過什麼事，隔天，他也想不起昨晚做了什麼。在家裡他忘了坐下，在街上他忘了走路。無時無刻，適才發生的事就像被擦去一般，抹得乾乾淨淨。

他的親人心焦如焚。他們試遍各種藥方，延請各方大夫、巫師甚至道士做法，可是都束手無策。最後他們請來了孔老夫子。夫子說：我知道問題出在哪裡。我有個祕方，讓我和他獨處一陣。親人照著孔夫子的話做了。療程頗費一段時日，誰也不知道發生了什麼事，只知那人終於恢復了記憶。

他雖被治癒，卻暴跳如雷。「以前我什麼都不記得，心裡一片純淨自在。現在，我的記憶壓得我喘不過氣，數十年的成敗、得失、甘苦全都湧上心頭。而且因爲我記得過去，不由得不憂心未來。」

「我覺得以前的我快樂得多。把我的忘性還給我！」

正是如此。心繫過去或瞻望未來，你就無法活在當下，只能沉溺在時間的洪流裡。而時間，我們慢慢發現，是一個深奧的謎。一想到時間，恐怕就能令我們頭暈目眩。出世、童年、第一天上學、青春期、交友、戀愛、工作，人的一生有諸多里程碑，看似淵遠流長，發生過無數的事情，可是也像是忽忽而逝。想想去年吧，才剛過去的這一年。發生的事情何止千百件，有歡樂有悲哀，它也許顯得很長，也許顯得很短，也可能既長又短。再想想一個小時。一小時當中可以發生多少事！想想一分鐘。即使是一分鐘，也有千萬個念頭在心頭推擠。那些念頭似乎剪不清理還亂，可是稍縱即逝，轉瞬即過。現在，想想一秒鐘。秒這個字剛說完，這一秒就過去了。可是，那些飛逝的光陰如今安在哉？它是短於一秒鐘，短於十分之一秒，甚或短於千分之一秒？無論它有多短，它都不可能是當下，因爲它已經過去了，要不就是還沒出現。當下無聲無相，無可捉摸。

而這個無從捉摸的片刻，是我們眞正擁有的一切，也是眞正的自我。過去已矣，而未來無論看似多麼光明，依然是空中樓閣。僅存的唯有當下，而我們把握不了它。可是，我們又是時時身在當下，無時無刻不在當下。當下其實從來沒有離開我們，因爲我們怎麼躲也躲不開它的掌握。

我們只能靠心念躲開當下。有時候，這是一種恩澤。回憶讓我們更堅強、更豐富。我們會在後面談論記憶的章節中看到，我們的歷史如影隨形地跟著我們，一個人若是沒有過去，就不可能有未來。老年癡呆症最可怕的症狀之一，就是忘了過去。患者置身現在，可是那是一個沒有過去的現在，他既不知自己是誰，之前發生的事情也一概茫然。他是被自己的歷史遺棄的孤兒。

我們的過去，是我們的遺產。不過，有時候它會把我們拉離當下。如果我們老想重溫過去的快樂時光，我們會進退失據，因爲當下這一刻並不同於以往。如果我們不能憬悟人事已非，不知不覺中，我們也會腐朽。反過來說，如果我們的過去盡是黑暗和痛楚，那麼它就像夢魘，我們會巴不得趕快逃離。可是，這個過去可能力量強大，不但亦步亦趨，還主宰了我們的現在。除非，我們學會眞正地活在此時此刻。中國道家故事中的男人說的對。他的弔詭處境提醒我們：唯有全心全意活在當下，我們才有可能自由。

我們也可以積極規劃，瞄準未來。某種程度上，這是種正面的心態。未來有待塑造，它是潛能的疆土，充滿了希望和創造力。沒有未來，沒有規劃，我們其實很難稱爲人。不過，活在未來有如活在一個不存在的世界。我們可以把未來視爲契機，但它也是危機。儘管我們不想進入未來，它依然緊追不捨，壓得我們喘不過氣。不過我們心知肚明，我們非去不可，不管剎車踩得多用力。未來，可能有許多事要做，所以我們想到就累，因爲我們知道，那些事永遠也做不完。就是這樣的壓力，把我們拖離了此時此刻，拖離了我們尙大有可爲的當下。

中國故事中善忘的男人氣憤塡膺，是因爲他找到了過去，卻失去了現在。幸好，眞實的生活中我們可以不斷重新找到現在。這是個誰都適用的簡單妙方：用心做手邊的事。沒錯，這是個古老藥方，能驅離一切邪靈。只要我用心做手邊的事，不幻想有危險逼近，心無旁騖下，我就能達到專心一意，百分之百活在當下。果眞如此，這一刻我就一無所懼，也一無所求。我尋得了完滿。

我曾經目睹，專心如何讓一個人或一群人幡然轉變。我的朋友安卓雅・波科妮（Andrea Bocconi）是個佛教思惟濃厚的心理學者，她在指導某個團體進行步行冥想之際，我在一旁觀看。安卓雅正在教學生專心。她要他們來回緩行慢步，一面注意腳下的每個步伐：現在右腳踏地，現在抬起左腳，諸如此類。不到五分鐘，整個團體的氛圍變了，從分心散漫變爲澄淨開放。我不由得臆想，如果世界各國的內閣要員或是大企業的高階主管，以同樣的方式開始一天的工作，不知會是如何。對佛教徒來說，專心過日子就是解脫之道，可以到達最終的自由。只要一點專注，就可以帶領我們走很遠的路。

專心於此時此刻的冥想技巧曾經被應用在臨床上，例如減緩焦慮、治療皮膚病變、長期疼痛，效果非常之好。專心能讓你學會活在當下，觀察眼前的一切，不評斷，不褒貶，眼前是什麼就是什麼，不必貼上標籤，也無須論斷是非。專心對健康也有加分作用。有個實驗將一群老人分成兩組，一組給予植物照顧，對日常事務也有較多抉擇，換句話說，他們必須專注於當下。另一組的日子則一如往常，什麼也不用做。一年後兩組比較，有事專注的老人過世的人數幾乎不到另一組的一半。一言以蔽之，只要專心，就有生命。

比別人專心，你也會比別人幸運。爲什麼幸運之神老是眷顧某些人，讓他們事事順心如意？這是巧合，還是別有原因？英國心理學家李察・韋斯曼（Richard Wiseman）曾經探究爲什麼幸運兒的運氣特別好，是個性使然，還是出於不可解的命運？他發現，幸運是個性特質所致。透過訪談和測試，韋斯曼發現，除了若干其他原因，幸運的人比較放鬆，所以不但能看到自己正在追尋的東西，連無意尋找的東西也看得到。他們心胸開闊，隨時準備接納新奇和驚喜，其他運氣沒那麼好的人（通常也比較封閉而神經質）則是一心要尋找心中既定的目標，卻往往遍尋不著。幸運兒不錯過任何良機，他們會注意到報上某篇文章、聽進對話中幾句對自己可能有用的話、在地上看到一張鈔票，機會因此大增。這不是奇蹟，也不是運氣特好，純粹是因爲他們心眼開放、活在當下，因此正好和生活中的機運不謀而合。反觀那些運氣較差的人，往往只執著於天馬行空的想望，閉關在自己的幻想天地裡。兩者相較，幸運兒只是比較專心而已。

專心於當下，一切會變得更有趣，因爲這個世界有了嶄新的面貌，不再是個模糊的影子。我第一次悟到這個事實，是小時候遇到赫胥黎。在本書的引言中我曾提及這位大師，他曾說仁慈是發揮潛能最好的方法。對他來說，覺醒既是仁慈的基礎也是入口，直通一個無比有趣的世界。赫胥黎認爲，覺醒可以將我們週遭的世界變成加薩——古代巴比倫王國的樂土，富含無數的珍奇寶藏。我九歲那年，曾經與大師同席而坐。我知道他對任何事物都有興趣——他曾經這麼形容自己：「和百科全書比起來很無知。」所以我走到花園，抓來一隻毛茸茸的大毛毛蟲，放在他面前。我不是開玩笑，我是眞的想讓他看。雖然有幾個同伴不高興，不過我顯然沒做錯，因爲他從口袋裡掏出永遠隨身攜帶的放大鏡，仔細觀察起毛毛蟲來。「妙極了！」他說。這是他最喜歡的口頭禪之一。是的，只要活在此時此地，每一刻都是驚喜，每個瞬間都是新的奇蹟。

不過，有時候這麼做並無效果。我們往往會依據過去或未來的情況，先入爲主地對現在套上期望和想法。例如，當我們遇見某人，心中已認定那人是什麼模樣、會說什麼話；一旦發現自已身處於某種情境，就相信一定會發生什麼事。我們有如住在一個貧瘠的現在，因爲它已失去它不可或是缺的特質：驚喜和新奇，結果只剩下乏味。我們就像按圖索驥的遊客，只顧著尋找曾經在旅遊廣告上看過的景點，完全看不到新的東西。

關於專心，佛陀曾經訓示：讓你看到的只剩下目之所見，聽到的只剩下耳之所聞。

這句話的意思是：將先入爲主的想法束之高閣，一無成見地迎接當下，完全專心一意。這才是完全的開放。你必須容許自己被當下這一刻所驚喜。

無論是什麼樣的關係，活在當下是必要條件。如果我心不在焉，那麼我人在哪裡？如果我身在心不在，誰能夠代替我去聯絡情誼？我能指派個幽靈或機器人代表我嗎？舉個例子。我和兒子艾密利歐在餐廳吃飯。好幾次，有些認識我但不認識他的人也進來用餐。艾密利歐頭髮很長，他很喜歡自己金色的鬈髮。他有張男生的臉，可是如果你不用心看，很可能被那頭鬈髮和刻板印象所誤，以爲艾密利歐是個女生。我們坐在餐廳裡，我一堆朋友走進來。嗨，你好嗎？這女孩好可愛，是你女兒吧？再見。他們就走了。艾密利歐很生氣。他不喜歡被誤會成女孩。兩分鐘後又來了一堆人，同樣問完這個漂亮的小女生是誰後就離開了，沒看到艾密利歐氣得哭起來那一幕。沒多久，我的朋友也是同事維奇羅來了，看到我們就走了過來。艾密利歐看我一眼，似乎在說：倒楣，是不是又要來一次？可是維奇羅是個很有感覺的人。他每天都花好幾個鐘頭照顧菜園，而且樂在其中。那是他冥思的方式，說不定也是他能活在此時此地的助力。維奇羅看著艾密利歐，拍他肩頭問候他，還開玩笑地叫他「小披頭」，和我談話時也沒有遺漏他。艾密利歐笑了。就是這麼簡單。只要活在當下，你就可以看到眼前的人，否則這人只是一個念頭。事實上，活在當下是和他人產生聯繫的不二法門。

能和他人一同活在當下，是一種天賦。專注或許是最寶貴也最令人羨慕的天賦，雖然我們不見得能夠體會。身在心在，全神貫注於這一刻，是人人都希望別人能爲我們做到的。我們知道，這樣的朋友讓我們放鬆，帶來寬闊和能量。我記得一個極端的例子，是我一個非常自我的朋友告訴我的。她和一個同樣也很特立獨行的治療師在上心理治療的課程。我朋友突然覺得很睏，說她想睡覺，然後就睡著了。她一直睡到隔天早上才醒來，而那個治療師不但毫無異議，而且整夜不曾闔眼，就這樣陪在她身旁。

這個例子很不尋常，幾乎像個英雄故事。不過，想想那些你需要他們專注卻沒有專注待你的人：丈夫、妻子、兒女、朋友、同事、上司、醫生、老師、部屬。想想看，你在跟一個人說話，那人眼睛卻瞄向他處、看著報紙、嘴裡說著風馬牛不相及的事，甚至淡然走開。不專心令人氣惱，也令人憂煩。它令你喪氣，自尊降低。它勾起你心中隱伏的自卑感，讓你覺得自己有如無物。工作的時候，我常聽到病人說他們在和伴侶做愛的時候，心中幻想和自己歡愛的是另一個更理想的人，或是想像自己身在別處。對我來說，這是心不在焉的極致。

反過來說，專心（attention），或稱專注，對於提振活力有驚人的效果。我指的是完全的專注，不涉及判斷，也不是忠告。專注，意味著我們有能力將不斷入侵引誘心靈的喧囂擾攘拒於門外，以此觀之，專注就成了一種美德，一如愛與正義。我們通常會把專注視爲不好不壞的中性特質：「小心你的頭！」「過馬路要當心！」可是，即使在這種情況下專注也隱含著道德意義，因爲不專心有可能危及他人的生命，就像我們見過的無數悲劇：工作時發生意外、吃錯藥、過馬路沒看清楚因此被車撞倒、降落傘摺疊不當、飛機失事。不專注，極可能釀成大禍。

話說回來，我們極少給予專注應有的重視。我在學校教心理治療，學校裡有很多卡片用大頭針釘於四處，上頭寫著顯眼的字句，好提醒我們要注意某些特質，例如「和諧」、「寧靜」（這是綜合心理分析的技巧之一）。有人曾經把「專心」釘在天花板的低樑上，以免有人撞到頭。如此這般，它的地位被貶抑了，從一種美德屈就爲交通標誌的功能。可是，專注不僅是爲了防止意外。將專心的卡片放在低樑上不失爲一個好主意，只要我們別忘記它也意味著「身在心在」、「關懷」和「傾聽」。

專心表示清醒，因此能察覺我們眼前的事物。例如，我會注意到眼前的人面色蒼白、穿了新衣、忐忑不安或歡欣鼓舞，昨晚似乎沒睡好或是神采奕奕。如此，我才可能眞正領會到我對那人的感覺，知道應該如何與他產生關聯。對於週遭的世界也一樣。沒錯，地球生態的敗壞是不專心的結果。我們對於週遭的一切沒有給予足夠的專注，所作所爲也沒留意後果。扔在田裡的塑膠瓶、能夠資源回收卻當垃圾丟掉的東西、破壞景緻的醜怪水泥建築，都是不專心的產物。我們需要的，只是張開眼睛而已。

因此，專心是一種仁慈。欠缺專心是粗魯的極致。有時候，它也是一種隱而不顯的暴力，尤其對孩童而言。令人難以承受的忽視被視爲是虐待固然沒錯，可是一點一滴的漠視卻是最常見的兒童傷害之一。當著別人的面，我們常把「馬上回來」的牌子高高掛起，自顧自地想著心事。我們腦海裡思緒萬千，誘惑者有之，駭人者有之，競相爭奪我們的注意。我們聽著那些千頭萬緒，任由自己迷失其間，眼前那人或許根本沒注意到。可是，我們也可以專心。不專心是冷酷的行爲，專心則窩心而溫暖。專心，可能讓我們最好的一面開花結果。

說個故事。有個非洲國王，他的皇后總是愁眉深鎖，弱不禁風。有一天，他注意到王國附近一個窮漁夫的妻子，她簡直是健康與快樂的化身。他問漁夫：「你是怎麼讓她這麼快樂的？」「很容易，」漁夫回答。「我給她吃舌頭的肉。」國王以為他找到了答案。他下令要王國內最好的屠夫拿最好的舌肉給皇后吃，雖然他現在已經天天供應珍食玉饈。可是國王的希望落空了，皇后依然形銷骨立。國王很生氣，跑去對漁夫說：「我們來交換妻子。我要一個快樂的妻子。」漁夫雖然傷心，但也只能遵命。歲月如流，新皇后一天比一天病弱蒼白，被貶成漁夫之妻的舊后卻越來越健康快樂。一天，她在市集遇到了國王，國王幾乎認不出她來。訝異之下，他下令：「回到我身邊。」「我絕不回去，」她接著解釋。「我的新丈夫每天一回家就陪我閒坐，他說故事給我聽也聽我說話，唱歌說笑逗我開心，讓我感到生氣蓬勃。這就是『舌頭的肉』：有人跟我說話，專心待我。我每天都盼望著夜晚到來。」國王恍然大悟，除了無限悔恨，心頭也生出莫大的轉圜決心。他能彌補過去的錯誤嗎？他能眞正覺醒嗎？

專注是媒介，仁慈因它而得以流通。沒有專注就沒有仁慈，也就沒有溫暖、親密、感情可言。試著回想你和他人最美好的共處時光，我相信當時的你一定身在心在，全神貫注。給予專心，等於將意義和價值散播給對方，等於提供滋潤、付出心靈能量，我們因此和對方更親近。唯有在這個當下，我們才能關心、珍愛，享受彼此的陪伴。就算有所衝突，我們也不會以癡人說夢般的方式去處理，而是清醒以對。因爲我們所有的人際關聯，只繫於這一個當下。

8 同理心

知覺的延展

雖然我不是音樂家，不過這雙手曾經有幸握過一把做工精緻的古董小提琴。那把琴製作於十八世紀，而令我訝異的是，除了優美和諧的線條、漂亮的木頭紋理，我將它握在手上的時候竟能感受到它的震動。它並不是一個沒有生命的物件。它會和週遭的聲音相應和，例如另一把小提琴、駛過街上的電車、某人的話音。如果你手握的是一把工廠大量製造的普通小提琴，它絕不會震動。儘管周遭的聲音成千上百，普通小提琴依然無動於衷。爲掌握如此幽微的敏感特質和異乎尋常的和鳴性，製作這把古董小提琴的師傅必須對木材和它的屬性有深刻的認識。他們不但具備切割木材、裝飾樂器的天賦，還得有代代相傳的傳統手藝做後盾。小提琴令人驚嘆的回應屬性不只是出於被動，它是主動唱和。它能創造不同凡響的美妙樂音，也有與他物共鳴的能力，兩者相得益彰，因此流瀉出一種有靈魂的音樂，足以撼動人心，啓發性靈。

人類也像那把小提琴——至少有這個可能。打從呱呱墜地開始，我們就具備了和其他人類聲氣相和的能力。一個新生嬰兒被抱到啼哭的嬰兒前面，他也開始啼哭。從一開始只是簡單共鳴本能的同理心，藉著一點一滴的累積，最後發展成一種體恤他人情感的能力：認同。

可是，如果這種能力沒有發展完全或是受到阻滯，我們會很慘。如果我們對他人的感受渾然不覺，所有的人際關係都會變成永遠無解的啞謎。不把別人看作是有血有肉的生靈，而以無異於一個冰箱、一盞街燈的物體視之，我們會任由自己操控甚至侵犯他們。反過來說，如若同理心得到充分發展，生命會變得多采多姿，無比富饒。我們能夠走出自己，進入他人的生命。人際關係成了趣味的源頭，爲個人的感情和性靈提供養分。

無論我們的內心世界多麼廣闊而多元，它依然是個封閉的體系，終究狹隘而壓抑。我們的思緒、憂慮、慾望充塞其中——難道只有這些嗎？有時候似乎如此。可是，一旦走出內心世界，進入他人的心靈，對別人的熱情、恐懼、希望、痛苦感同身受，我們就像進入太空在星球間探險——只是前者容易得多。封閉自己、拒人於心門之外，會讓我們失去平衡，反之，進入他人生命讓我們更健康、更快樂。唯我獨尊、自我中心的心態容易滋生鬱悶和焦慮。眾所週知：最自私、最罔顧別人的人最容易感到害怕，也最鬱鬱寡歡。

打從史前時代開始，同理心就是人類存亡的關鍵。人類唯有加入群體，才能共生共榮，而如果個人不能感受他人的情緒和心意，要如何與群體共存？觀諸日常瑣事，道理亦然；有人喜歡插隊、在街上亂丟垃圾、別人睡覺的時候製造噪音，他們之所以如此，就是因為沒有能力顧及別人的感受。同理心是溝通、合作的前提，也是社會凝聚力的先決條件。抹殺了它，人類會回到蠻夷狀態，甚或絕種絕跡。

無論是什麼樣的人際關係，同理心都是讓它更上層樓的最佳良方。你可曾目睹這樣的爭吵：雙方互不相讓，誰也不願、也沒有能力以對方的角度來看事情？多麼痛苦。可是這種事所在多有，在國際關係上也每每可見。同理心是世間最欠缺的人格特質，也是解決種族問題和偏見的最佳對策。當今的種族衝突和偏見不知已累積了多少世代，在這樣的時候，同理心尤其重要無比。

人類活動越來越頻繁，更多的人發現，自己必須和不同文化的人面對面打交道。那些人的生長環境和我們截然不同。不同的宗教信仰、體型外貌，習俗、飲食、衣著、時間、禮節、責任感、工作觀、金錢觀、對性的態度，幾乎樣樣不同。遇到和我們不同的人，我們第一個反應往往是存疑。我們現在知道，種族偏見根深源長，而對異於我們的人存疑並非出於理性，卻是基於我們無從控制的即時反應。因此，雖然有人說理論上他們沒有任何偏見，事實上偏見是存在的。

同理心的培養或許是一切教育的當務之急。美國傑出小提琴家曼紐因（Yehudi Menuhin）在一次訪問中說過幾句深具洞見的話。他說：「如果德國青年在成長期間不只學會懂得欣賞貝多芬的音樂，同時也能隨著傳統的猶太音樂哼唱舞蹈，那場大屠殺絕無可能發生。」

而同理心不但有助於解決問題，它也能紓解心情。研究顯示，富有同理心的人對自己的生活較爲滿意，他們健康、有創意，也比較不固執。雖然好處多多，同理心面臨的阻力卻不少。有些人認爲，爲體恤別人而認同他人，這是弱者的行爲。然而，對任何人而言，這都是最好的出路。當一個人感到自己被理解，當他體會到我們明白他的論點言之成理、他的要求無可厚非，他的態度會改變。如此一來，無數的紛爭就可以避免。

不久前，我正開著車，爲了讓一個冷不防衝出來的小孩過馬路，我突然緊急剎車，後頭那部車因此撞到了我。我們都下了車，越走越近。我看到那人一副備戰模樣。雖然他一個字也沒說，但我感覺得到，他渾身進入了一級警戒狀態。可是兩部車都沒有損傷，所以我先開口。我大可這麼說：「我沒錯」。這是實情，可是這種話就算不造成傷害，也是無濟於事。所以我改口說道：「我開得很快，又突然停下來，你一定沒料到。很抱歉。你沒事吧？」那人態度立刻變了。他臉部的線條舒緩了，雖然細微到幾乎察覺不到。電光石火之間，他卸盡武裝。是的，他沒事。我在他眼中看到了訝異。他的對手竟然關心他有事沒事。接著我看到他鬆了一口氣：無須大動干戈。最後，他和我握握手就離開了。我承認，要是我的汽車有損傷，我的同理心可能會減少幾分。總而言之，一場原本可能劍拔弩張的爭吵在幾秒鐘內就煙消霧散。

由此可知，同理心能帶來舒緩和滿足，而且它隨時隨地都在那裡，我們信手可得。很多從事心理治療的同業異口同聲，說同理心是成功醫病關係的要素，這並不是巧合。痛苦纏身的人不需要別人的診斷、忠告、解讀、運籌帷幄。他們只需要別人衷心的關懷和體恤。一旦感受到他人的認同，痛苦彷彿霎時被放空，疾病也不藥而癒。

醫界也有類似的現象。研究顯示，一個醫生越是富於同理心，在病人心目中就越是醫術高明。遺憾的是，常見到醫學院的學生在實習初期深富同理心，等到實習完畢，同理心卻也消磨殆盡。在這個懸壺濟世的行業，我們難道不該多一點這方面的訓練嗎？

不過，好東西吃太多也不妙。我們很容易就會把劑量加過頭。倘若我們在聽到別人的苦痛時過於投入，不但身體疲累不堪，說不定還會怒火難消。我們很可能會失去重心。且讓我說個不尋常的故事。我母親在晚年身體依然硬朗，只是有時候會心神恍惚。一天她告訴我，她開車的時候有時會把自己想成是別人，所以當她眼前出現紅燈，她會想：「對別人來說是綠燈，」以爲自己是別人的她就這麼闖了過去。直到連闖好幾個紅燈，看到別的司機火冒三丈，她才驚覺過來。這個故事可以借來當個譬喻。不知不覺的同理心是危險的。我們必須先把持得住自己，確知自己的需求，認清自己的空間時間所在。換言之，在試圖解決他人問題之前，我們一定要把自己的生活控制好，否則就是自找麻煩。

要在這個世界上發揮自我、遊刃有餘，健全的心智不可或缺，而同理心就是它的元素之一。同理心豐富，意味著應付自如，無論是學業、找工作、人際關係、親子互動。試想，從事廣告創作的人想像不出消費大眾的反應，音樂家無法體會觀眾的感情，老師不了解自己的學生，或是爲人父母者不知孩子的心路歷程，他們怎麼可能回應？

要看一個人有沒有同理心，光看一個面向即知：這人能不能爲他人的成功歡呼。這是同理心眞正的考驗，佛教稱爲「喜」(mudita)。舉例來說，你有個朋友突然一夕間功成名就，或是她的兒子具有你的小孩想都不敢想的天賦，或是最近在談一場濃情蜜意、讓你艷羨不已的戀愛。你會有什麼反應？你會替她高興嗎？還是心中隱隱作痛，怎麼這等好事都輪不到你？你會不會比來比去，納悶自己爲什麼沒有那樣的運氣，或是大大的眼紅？爲他人的成功高興，這樣的同理心有如鳳毛麟角，除非成功的是自己的小孩，因爲他們是我們生命的延續。爲降臨在別人身上而與自己無緣的幸運無條件地感到喜悅，這很不容易。如果我們做得到，表示我們已出凡入聖。

不過，同理心並不是一種充滿歡欣、沒有憂煩的特質。恰恰相反，它和失敗的關係要甚於成功，和苦難的關聯要多於歡笑。就是因爲諸事不順，同理心才有用武之地。沒錯，有人和我們分享快樂時光固然可喜，可是在遭到挫折苦痛的時候，我們才需要別人的體恤。

要培養完整而眞正的同理心，一個人必須和自己以及他人的苦痛建立起健康的關係。痛苦，定義上就令人嫌惡，我們往往避之唯恐不及。避免痛苦，其實是健康的基礎，將痛苦降至最低是智慧的象徵。可是，生命中難免有痛苦。人生而脆弱，遲早會生病、犯錯、失敗、失去所愛、對生活際遇傷心失望。只要是人，難免受苦受難。我們必須學會和苦難和平共處。

而我們該如何面對痛苦呢？這絕非易事。有人故意視若無睹，從頭到尾強顏歡笑：「這沒什麼。」有人引以爲豪：「我的頭痛比你嚴重多了。」有人喜歡炫耀痛苦，鉅細靡遺地形容它：「我的蛀牙歷史可久了，且聽我從頭道來。」有人怨天尤人，深信自己是遭到天譴或詛咒：「這種事老是發生在我身上！」有人抱怨個沒完，即使痛苦已經解除，依然杞人憂天地揣想可能到來的痛苦，深怕痛苦到來時會措手不及。有人永遠如臨大敵，不管值不值得如此大費周章。也有人毫無鬥志、垂頭喪氣，甚至放棄生命：「我投降。」

以上種種應付痛苦的方式效果都不理想。它們或許能帶來些許虛幻的安慰，可是痛苦多半沒有消失，反而延續更久甚至愈演愈烈。應付痛苦最好的方式就是直接面對，以坦誠，以勇敢。想從另一頭出來，就得進入痛苦，一如進入隧道。

關於勇敢面對，基倫（Kyron）的神話可以教導我們許多。基倫是強暴的結果。他的父親克隆納斯（Cronos）是眾神之首，化身爲一頭馬去追一個女人，抓住她後強暴了她。她生下一個半人半馬的醜怪兒子，做母親的看他第一眼就把他推開。因此，基倫生來就飽受屈辱和痛苦。一開始他拒絕接受這個殘忍的事實，之後在阿波羅的協助下，他努力培養一切高貴而智慧的情操——他人性的那一面。他成了醫學、草藥、天文、箭術的專家，從此聲名遠播，各國國王紛紛請他去爲王子公主授課。可是有一天，基倫不小心被一根毒箭傷及膝蓋。他如果只是凡人，就此死去也就罷了，可是身爲神的兒子，他死不了。他只能活著受罪。

他的痛苦無可言喻：行動受限，只能依靠女兒。那根箭射穿了他軀體的下半部，也就是他深以爲恥、拚命想忘記的動物的半身。他不斷想起自己被排斥的痛苦身世。在這樣的心境下，他無法成爲國王的老師，只好去幫助受苦的人和窮民。他以非凡的技巧，履盡了任務。他經由痛苦而生的學識、敏銳和同理心，成功治癒了別人的痛苦。他成爲療傷止痛之神。而雖然他也努力想解決自己痛苦，可是終歸失敗。

基倫後來得知，如果他宣布放棄永生，他的痛苦就能結束。他必須放棄這項最後的特權。他決定這麼做，於是遁入地底整整九日。後來邱比特將他接到天堂，讓他成爲空中的星宿，在清朗的夏夜我們都看得到他。他終於遂畢生所願，尋得了安寧平和，和整個宇宙合而爲一。

基倫和以木馬屠城的阿奇里斯或是力大無比的赫丘利斯不同。他不但不是個陽剛形象的英雄，恰恰相反，他勝利是因爲他脆弱。當他不再千方百計證明自己的智能和才幹，這才變得富有同理心，也才有能力爲別人療傷止痛。只有在逆來順受——而非對痛苦宣戰——之後，他才達到了天人合一的最高開悟境界。

無法坦然面對痛苦的人，比較難有同理心。連自己都拒絕承認自己在受苦，當然很難認同他人的痛苦，而若是拿痛苦來誇耀，不啻是將他人視爲競爭對手，也就很難感受旁人的苦難。自身的痛苦，是同理心的基石。

另一方面，我們對有同樣痛苦的人當然會有最大的同理心，同病相憐是也。一個自小受虐的人，能理解有同樣創痛的人；車禍、性侵害的受害者，或是曾經破產、歷經喪子之慟的人，對於有同樣悲慘遭遇的人較能感同身受，伸出援手也較能著力。哪裡受的傷，哪裡就是服務的契機，這應該不令人訝異。

不過，這是培養同理心最難也最痛苦的方式。我不希望任何人以這樣的方式獲得它，話說回來，這是人類共同的宿命。痛苦，是人生如影隨形的同伴，只是程度有輕有重。不過，並不是所有的痛苦都有悲慘的後果。如果我們坦誠面對痛苦，它有可能結出重要的果實來。它會在我們心間扎根，開啟我們心胸，讓我們突然長大成熟，發現自己習焉不察的感情和才能，增益敏銳，說不定還能讓我們更謙遜、更有智慧。痛苦是殘忍的提醒，要我們知道什麼是必要的。它讓我們和他人相連相繫。沒錯，痛苦能讓我們心腸變硬或是憤世嫉俗，卻也可能讓我們變得更仁慈。

幸運的是，除了讓自己在痛苦裡打滾外，還有別的方法可以培養同理心。藝術的鑽研和實踐，例如文學、繪畫，尤其是舞蹈，益處枚不勝舉，其中顯然包括同理心的增益。不過，最容易也最直截的方法，是發揮想像，設身處地爲人著想。羅娜．赫胥黎（Laura Huxley）在她的著作《目標不是你》（*You Are Not The Target*）當中，率先採行了這個技巧。她的方法是：當我們和生命中某個重要的人有了摩擦，例如和先生或妻子爭吵後，試著回溯當時情景，並且讓自己變成對方。一旦做到了這一點，我們便能以一種連自己都意想不到的嶄新視野來看這個世界，包括我們自己。我看過有人做過這樣的練習，因而達到非比尋常的憬悟。他們看到了前所未見的景象，也眞正了解到至親至愛的人的心聲。

有一次，我正好在羅娜．赫胥黎的工作室，屋內正播放著莫札特一首鋼琴協奏曲，很美妙的旋律。羅娜在隔壁房間打電話，幫忙一個有孕在身、剛到美國來的年輕泰國女人。我聽得到羅娜的聲音，雖然聽不清她在說什麼，不過我猜得到內容。我從她的語氣聽得出她在爲那個女孩憂心，也聽得出她願意幫忙的想望。通常我聽音樂，喜歡別無任何聲音，可是隔壁房間羅娜的話語和莫札特的美妙旋律神奇地合而爲一，並行不悖。我能感受到羅娜宛如和那個泰國女孩易地而處，懂得她流離失所、舉目無親、一人流落異國的窘迫，而且還嫌麻煩不夠似的，肚子裡還懷著小生命。羅娜的聲音變成了莫札特音樂的一部分。那段音樂彷彿助我發現了同理心之美，而對方求助的聲音也讓我體會到莫札特音樂中異常的豐富。那一瞬間，我頓然領悟到悲憫的意義：融入眾生的苦痛，給予眞誠而深切的認同。

孩童常能感受到當即和強烈的悲憫，或許更甚於成年人。我們大人飽經世故，表皮多了一層硬繭，經過街頭醉臥的醉漢或乞婦的時候，說不定根本就沒注意到。可是孩童對人世的邪惡和苦難全無防備。我記得我兒子喬納遜四、五歲時第一次看到遊民，一個形容枯槁的男人。對大人來說這是家常便飯。你我在大城市常可見到這種人，我們早就習以爲常。孩童則不然。喬納遜看著那人，衣衫襤褸、滿臉悲苦、長髮亂而糾結、喃喃自語、搜索著垃圾筒。喬納遜的臉上先是出現驚訝，接著是無限的同情，還夾雜著憤怒：世上怎麼可能有這樣沒有尊嚴的生命？還有一回，喬納遜看到一個老婦爬樓梯，她一臉病容佝僂、著腰，每一步彷彿都要用盡全身力氣。那一刻喬納遜領悟到，生命中還有年老的痛苦。我不知道他當時在想什麼，不過我知道他的心在痛，他的悲憫油然而生。有時候，我們得靠孩童重新發現自己的感情。

悲憫，是同理心最後也是最高貴的果實。它是一種屬靈的特質，因爲它將我們帶離了自私和貪婪。它擴及所有人類，即使是最無能、最可厭、最愚蠢的人。它開啓我們心胸，和他人聲氣相通。它滿溢在我們心中。

不過，你也可以爲悲憫下一個不同的定義：一種至爲純淨的人際關聯。我們的人際關係中，理智判斷往往主導了一切。我們喜歡評斷事情，自以爲這樣高人一等。或許我們和某人有筆舊帳未清，一份世仇未報（這是一道我們珍愛的菜餚，只是難以消化）。或許競爭情結在作祟、或是老愛提供建言、喜歡比來比去。也或許，我們愛把別人看作是達到目的的踏腳石。凡此種種，都是讓人際關係受傷和扭曲的干擾。

現在，且讓我們想像一種關係，純淨已極的關係。它不帶一絲判斷、仇恨、比較。你發現自己站在某人面前，沒有任何屏障和防衛。你和那人當即就能應和，聲氣相通。卸下了包袱，我們輕鬆了。我們忘了腳下匆忙的步伐。我們得到了自由。同理心於焉滋生。理解也是。只要你我打開胸襟，中間一無壁壘，我就能和你靈犀相通。你懂我，我也懂你。如果你受苦，我希望你的苦難結束，如果我受苦，我也知道你會扶持我。你快樂，我也快樂，如果我一切順利，我知道你會爲我高興。

或許，我們從此再無他求。

9 謙遜

世上並非唯你獨尊

別人爲我們許願，我認爲最好的願望之一是：「知道自己的長短」。想想看，一個不知自己長處和侷限的人——對自己有錯誤的認知、總是夢想有錢有勢、羨慕一堆自己欠缺的才華——，要如何面對這個世界。這樣的人沒有自知之明。他帶著錯誤的觀念，進入有如大競技場的世界，準備與人一較高下。想到他的命運，你只能不寒而慄。他就像個小孩，自以爲能行千里，結果走兩百公尺就累垮了。

人要認清自己的弱點，並且坦然接受，即使這麼做很痛苦。誠實面對，看清危機何在。驅走幻覺，知道自己有太多事情不懂，珍視人生的功課。這就是謙遜。而謙遜，是個很大的長處。

貝托魯奇導演的電影「末代皇帝」，說的是中國最後一個皇帝溥儀的眞實故事。他從小到大養尊處優，受到神明般的伺候，眾人皆視他爲天下的中心。他孤獨而不自覺地活在富麗堂皇的宮殿裡，和眞實世界嚴重脫節。隨著中國社會發生的巨大變動，他的特權也宣告終結。故事最大的轉折，是他開始逃難，這才被迫認清自己是個與他人無異的凡人，而非高高在上的神。當初那個以不眞實構築的搖籃、讓他自以爲是神而與世界遠離的特殊體系結構至此崩解。這位皇帝發現自己其實和別人沒有兩樣，同樣會有痛苦，同樣會有無常。在這樣的謙遜下，他發現了自己。這樣的領悟雖然痛苦，卻不是挫敗。那是始料未及的勝利。

當你知道自己的侷限何在，你就有了出發的準備。有句禪語說，初學者的內心存有無限的可能，學成的專家可能性則寥寥可數。當個初學者好得多——即使在我們儼然是專家的領域。確實，當你以專家模樣出現，別人會肅然起敬，風險立減。名聲是護身符，讓我們有安全感，可是我們幾乎學不到東西，因爲我們自以爲已經無所不知。反之，初學者因為求知若渴而凡事追問，即使是天真幼稚、甚至愚蠢的問題。

最近的一項研究顯示，如果你想得到最佳的學習效果，謙遜是個利器。虛懷若谷的學生認為自己什麼都不懂，所以猛做練習、努力鑽研，結果效率比那些自信滿滿的人好得多。高估自己實力的人結果考試沒過，輕敵的運動員結果落敗，這都不足為奇。如果你謙遜，表示你會更努力，因而更有準備。

由此可知，謙遜和學習、重新改造自己是分不開的。人生旅程中，我們常會走到某個地步，不再虛懷學習，只想有個安全穩當的規劃。我們寧可當個權威的老師，也不想當個謙遜的學生。所以我們把現實關在門外，將一切視為理所當然，不再發問，也不再承認我們的知識說不定已經失真，我們的文化資產可能已經落伍。為了貪求安逸，我們不再懷疑、鑽研，因為太費力氣。極端的時候，我們甚至變成行尸走肉。多可惜，因為事情可能完全不同。西班牙畫家戈耶（Francis Jose de Goya, 1746-1828）有一幅蝕刻畫，畫面上一個耄耋老者，下頭只有兩個字：**Aun apriendo**，意思是「我還在學習」。這是知性的最高境界。這是謙遜。

人際關係也頗相類似。我們可以先入為主，排除他人有以教我的可能性。我們也可以做其他的選擇，承認三人行必有我師，週遭的人不同的經驗、感覺、想法、夢想和理想都可能感動我們，豐富我們的生命。我們只需仔細看、專心聽就好。我們得有勇氣問自己：我可以從那人身上學到什麼？Aun aprendo。

謙遜有時候很難，甚至很痛苦。不過，它絕對對我們有益。身處逆境，謙遜最容易向我們招手。失敗之後，我們往往變得更謙遜。我們領悟到，我們並不像自己所想的那麼聰明或優秀。我們體會到自己凡夫俗子的那面：自己是脆弱的，也有跌倒的可能。只要決心不被大小的挫敗擊倒，這些挫敗會讓我們看清自己的能力和不逮。如果樣樣成功順利，我們會很慘。我們等於失去了量尺。

認清了自己的優缺點，我們比較不會炫耀自己有多聰明。反過來說，很多沒有安全感的人好像老是在替自己打廣告，總是忙著證明自己多有本事。他們不滿現狀，非比別人強不可，這個目標成了他們的畢生職志。因爲忙著競爭，他們少有精力去追求眞正重要的東西：學習和創造、和他人和諧相處，開門接納處處契機的有趣世界。

諸多研究指出，一個人越是爭強好勝，學習態度和效率就越差，連創造力也會變弱，因爲競爭引發的焦慮令人分心，不再注意到手邊的要務。謙遜則反是。它沒有內定的爭勝程式。謙遜的人不需要贏過別人，才能證明自己有存在價值。他深知人外有人天外有天，也欣然接受這個事實。這是個攸關重大的基本事實。只要不強求違反本性，就是容許自己做自己。

有個中國故事。有一天，某個皇帝派人去找莊子。這位道家哲學家獨居山林，生活貧窮，但逍遙自在。皇帝聽說莊子很有智慧，想召他入朝廷爲官。皇帝以名銜、財富、權力利誘莊子，而莊子的回覆是：「想想看，你認爲烏龜比較喜歡哪一種？是活著在泥巴裡打滾，還是死了之後，硬殼被鍍上金箔，製成光鮮亮麗的珠寶盒？」「還是活著好，」滿朝文武回答。「那好，就讓我在泥巴裡打滾吧。」

莊子拒絕了角色的沉重枷鎖。「角色」（role）這個字源自拉丁文rotula。古時候演員表演之際，手上要拿著紙捲軸唸出自己的戲份臺詞，那些捲軸就稱爲「角色」。角色是早已設定好的，所以我們對各種角色早有定論。重要的角色有助於隱藏弱點，給我們一種虛假的力量。例如，假設我是總統，我就不再是那個跟妻子貌合神離的陰鬱男人。拿出教授身份，一時之間我就忘了憂煩和背痛，而學生也肅然起敬，認爲我是重要人物。

在我生涯之初，我有幸看到角色詭奇的綑綁力量——以及它的解脫。我的恩師羅貝托．阿薩吉歐力（Roberto Assagioli）當時已名揚海外，上門的訪客川流不息。其中有一群心理治療和性靈領域的重量級人物，阿薩吉歐力預定與他們下午見面，當天上午就由我帶領，進行一系列的團體課程。帶領這些赫赫之士做一連串的練習，他們會有什麼反應？會不會看出我的弱點？他們會耐心地容忍，還是會拋出尖銳的問題或不好聽的話讓我難堪？初出茅廬的我惶惶不安。結果一切順利。沒有任何差池，先前我害怕的都沒發生。不過，我注意到所有的參與者，不管多麼機智有風度，行爲舉止都和他們的角色殊無二致。他們的提問、發言，在在不脫他們的公眾角色。只有一位與他人迥異：美國知名的家庭治療專家，維吉尼亞．沙蒂爾（Virginia Satir）。她的表現跟初學者沒有兩樣：認眞做練習、任何反應脫口而出、想到什麼就說什麼，完全把自己的地位和專業拋諸腦後。沙蒂爾儘管在她的專業領域中名震一方，可是她願意把公共形象放在一旁，從頭學習。我至今還記得，在她面前我的感激和輕鬆。

而我對日常所用的「形象」二字確有疑竇。政客、明星、甚至一般的凡夫俗子，都在努力製造「形象」。既然需要刻意製造，就表示這些公眾形象和現實是有差距的。在公開場合出現在大眾眼前的是個形象，一個刻意由專家打造出來的形象：面帶微笑，神采飛揚，打扮光鮮，功成名就。可是，這樣的形象後面是什麼？我想知道的是，它的「實質」是什麼？是燈火闌珊處，一個弱小、害怕的人。這人渴望得到愛與渴慕，也懼怕孤單與失敗。

而一旦形象和實質不謀而合，謙遜會油然而生。我們不再裝假，坦然接受了自己的弱點與缺陷。你喜歡和什麼樣的人交往？你認爲哪一種人——驕傲或謙遜——，比較可能仁慈，也比較容易相處？我很確定，老是炫耀自己聰明的人不可能眞正仁慈。那樣的仁慈帶有紓尊降貴、睥睨眾生的意味。唯有謙遜的人才可能仁慈；他們不玩勝爲王敗爲寇的遊戲，因此樂於享受不談輸贏、大家都是贏家的人我關係。

這是個阿富汗的民間故事。某個國王治理國家，手段專制而殘暴。他不關心人民，嚴刑峻法外，還徵收苛稅。在他眼裡，人民不過是沒有面目的無名小卒。有一天他去狩獵，追捕一隻瞪羚。瞪羚跑得很快，把國王帶到不知名的地方，慢慢地讓他迷了路。國王在沙漠邊緣看到瞪羚忽隱忽現，一會又看到它在遠處，最後更完全不見了蹤影。

失望的國王決定回宮去，可是他已深入歧途太遠，不能確定方向。一陣沙塵暴來襲，猛吹三天三夜。國王週遭儘是撲面刺痛的沙塵。他不知該往何處去，只能蹣跚前行。風暴過去，沙漠裡只剩下他一人獨行。他徹底迷失了，衣衫襤褸，臉孔難以辨識，害怕和疲倦將他折磨得不成人形。他碰到幾個游牧人。他表明國王的身分，卻招來他們訕笑。不過他們還是幫助他，不但給他東西吃，還指引他回家的路。國王好不容易回到宮殿，可是連他的貼身守衛也不認得他，不讓他進去。他們以爲他是個神經失常的瘋子。深鎖的大門外，國王看到了他的替身，一個取代他位置的神祕幽靈。那幽靈假扮成他，治國手段跟他以前一模一樣——自尊自大、滿心惡毒。

慢慢地，國王學會在貧窮裡過日子。他捉襟見肘，不過總有人不時幫他一把：今天有人給他水喝，明天有人給他東西吃，或是給他工作、讓他有棲身之處。而他也亟思回報，儘可能幫助別人。有一次一棟房子著火，他救了一個身陷火海的小孩。還有一次，他把東西拿給比他更餓的人吃。就這樣，國王慢慢領悟到，他的子民跟他並無兩樣。人生路途上，人必須相親相愛。他學到：彼此關心、互相扶持的人生更美麗，也更有興味。最後他恍然大悟，那個戴著皇冠的假國王是謙遜女神創造出來的幻影。時辰已到，他必須回到宮殿，再度君臨天下。可是這一次，國王開始以智慧和仁慈治理國家，因爲他已學到一堂無價的謙遜課。

阿富汗國王的故事揭示了謙遜一個重要元素：世上還有別人存在，並非唯「我」獨尊。這是任何人都會同意的老生常談，可是有多少人身體力行？打從孩提時代，我們就帶著一堆心照不宣的觀念走入人生。那些觀念雖然說出口就顯得荒謬，卻是鮮活地存在，就像沒有銷毀的老舊程式。我們相信自己不同於他人，這種隱而未宣、非理性的信念是孩童時代的遺跡，使得我們做出一些不合常理的舉止。

謙遜，等於爲這個私密的觀念判處了死刑。它無異於哥白尼革命性的發現：我們並不是宇宙的中心。悟到自己並不如想像的那麼重要或許痛苦，不過也是解脫。美國老羅斯福（Theodore Roosevelt）總統常在夜晚走到戶外仰望星空，提醒自己宇宙多麼浩瀚。身爲一國之尊，放在銀河天系裡卻是全然不同的感受。

由此可見，謙遜是仁慈的一個必要條件。如果我們心底自以爲特別，所以可以不守別人必須遵守的律法，我們怎麼可能仁慈？我們都看過這樣的事情：在寸土寸金的地區，一輛車佔了兩個停車位；擁擠的火車上，乘客把腳跨到對座假寐，無視於無位可坐的旁人；沒人願意吸二手煙的地方，就是有人吞雲吐霧。如果你問這些人：別人存不存在？他們會茫然看著你，嘴裡回答：「存在」。可是，他們並不了解這個簡單事實的深遠寓意。

人人平等，一樣平凡、一樣脆弱，一樣需要別人，一樣是這個不完美世界中不完美的人——要接受這樣的事實可能令人不舒服，於是我們用一大堆的錯覺和期望築起防護牆，逃避這個事實。然而，正是因爲明瞭並接受自己的弱點，我們才得以成爲完整的人。這是人類的現實，眞正的本質。這是一個穩固的根基，站在上面，我們才能與他人取得接觸。有這種知覺的人都是謙遜的。跟他們在一起你覺得悠然自在，因爲他們身上有種既祥和又矛盾的奇異組合。唯有謙遜的人才能擁有這樣的特質，如此，謙遜難道不是最佳的仁慈之道？

謙遜，也隱含在知足常樂的能力裡。在浪費成爲經濟發展的基礎、貪婪已是一種生活方式、不斷要求新權利儼然成爲社會責任的現代，這樣的心態更形彌足珍貴。知足於目前所有的人常被視爲是輸家，然而這些人卻是最可能擁有平安快樂的一群。我記得有天晚上，我和朋友去一家中國餐館吃飯。餐畢，朋友紛紛拿出送給孩子的聖誕禮物——都是一些精挑細選的貼心禮物，其中有個袖珍照相機，還附了一捲底片。我突然注意到，有個小女孩一直注視著我們。她是這家中國餐館老闆的女兒。我不知道她心裡在想什麼，可是我有點不安，心想她或許也希望擁有這樣的禮物。不久，桌上的談話讓我分了心，我很快就忘了這回事，大夥兒也隨即離開餐館。我們在門外等待朋友去開車過來，這時候，我從窗口看到小女孩走到我們桌旁，快樂地玩弄著那個底片盒，那個簡簡單單、黑色的塑膠圓筒。接著她抬起頭來，和我四目相接，露出微笑。

這是謙遜的一課。在這個匆忙的時代，我們常常沒有時間享受生活的況味，總是汲汲惶惶地尋覓更新的產品和刺激，卻好像總也不夠。看到有人能從那個微不足道的小東西中得到快樂，這是多大的寬慰，多麼值得記取的一課。

簡而言之，因爲謙遜，我們才有不斷學習的可能。謙遜讓我們品嚐到簡單的滋味，而生活越簡單，我們也越眞誠。在實踐謙遜的過程中，我們得以摸觸眞實。不再有白日夢，也不再有天馬行空的奇思異想。我是芸芸眾生中的一個，能力有限，壽命有限，僅是眾人當中的一個。我不必證明自己比任何人強。別人也是存在的，只是各有各的需求，各有各的現實、希望和境遇。我只是這個星球數十億的人口之一，而地球在無垠星空中不過是微塵一粒，個人生命不過是廣袤宇宙中的一瞬。

領悟到這個事實，我們會變得不一樣。我們會更謙遜，更能接受無傷大雅的矛盾，更安於現狀，更留餘地給他人。謙遜，爲我們在星空下找到自己的位置。

10 耐心

你是不是把靈魂留在身後了？

這個故事發生在衣索比亞。一對年輕男女，一個鰥夫一個寡婦，相遇後墜入愛河。兩人決定共組新家庭。可是有個問題：男方有個小男孩，對死去的生母依然滿懷憂傷與思念。他對繼母有深深的敵意，拒絕她當自己的母親。她爲他煮愛吃的菜，替他縫補漂亮的衣服，總是和顏悅色相待，可是小男孩根本不跟她說話，把她整個逐於心牆之外。

她去找巫師求助：「我該怎麼做才能讓他接受我這個母親？」這個巫師很聰明，任何疑難雜症他都有答案，每個人對他都信服有加。「你帶三根獅子鬍鬚回到我這裡來，」

他告訴她。女人不敢相信自己的耳朵。她怎麼可能帶回三根獅子鬍鬚？不被吞掉才怪。可是巫師很堅持。「你帶三根獅子鬍鬚回來！」

於是女人去找獅子。她找了很久，終於找到一隻。她不敢走近牠——獅子看來實在駭人。好長一段時間，她只敢遠遠觀察牠。獅子來來去去，她等了又等，最後決定餵獅子吃東西。她走得稍近些，留下一塊肉，隨即走開。每天她都這樣做。慢慢的，獅子習慣了她，終於讓女人成爲牠生活的一部分。牠對那女人反應平靜——牠知道她只會帶給牠好東西。女人也不那麼害怕了。一天，她趁著獅子熟睡，輕而易舉就拔下牠三根鬍鬚。

女人沒有必要再去找巫師。她現在懂了。幾個月來，她已經有了改變。她了解到耐心的重要。她以耐心對待小男孩，就像對待獅子。她充滿信心地等待，一步步接近他，尊重他的步調和空間，不侵犯，也不放棄。最後，小男孩接受了這個母親。女人用耐心贏得了小孩的心。

耐心這種美德最大的用途是對付難纏的人：那些無法曉以道理、動不動就勃然怒起、無論如何也不肯樂群的人。就像上面那則故事中的小男孩，那些人內心隱藏著深劇的痛，因此不開放、不理性，斷然拒絕與他人有任何來往。還有一種人，顯然是存心討人厭。不必諱言，我們日常生活中勢必會碰到這樣的人：別人說話老是打岔；為批評而批評；硬要霸佔別人時間、注意力或金錢；不是劍拔弩張就是脣槍舌劍；明知對方趕時間卻纏著不放、說個沒完，枚不勝舉。萬事相通相連，我們既是受害者，有時候或多或少也是加害者，只是時機而不同。我們都碰過難纏的人，有時候也存心跟別人過不去——說不定自己還渾然不覺。

有些人更是箇中好手。他們讓別人不知如何是好的本事無人可及。碰到這種人，我們的反應是氣憤填膺，可是我們不是默默忍受，就是以沉默表達不滿。不過，我們也可以趁機練習耐心術，幫助那些人尋回一點自尊。這是做得到的，我有一回搭飛機的經驗就是證明。先不說別的，對許多人而言，飛機本就是個令人無比挫折的地方。好幾個鐘頭擠在一個嘈雜又不穩定的小小空間裡，時間已夠難熬，更何況鄰座坐了個討厭鬼。那一回，坐在我後頭的乘客顯然喝醉了。而隨著更多的黃湯下肚，他的嗓門越來越大，行為也越見囂張。他的餐盤跌落，薯條、蘑菇、義大利麵滾滿了整個走道。接著我突然驚見到，他帶了好大一隻蟾蜍放在盒子裡上了飛機（別問我他是怎麼通過海關檢驗的）。

沒多久，空服員插手了。雖然我暗自希望她們罵他一頓，可是她們沒有。她們反而開始跟他說話、開玩笑，又倒了一點酒給他、稱讚那隻蟾蜍好可愛，並且開始清掃，一句責備也沒有。醉漢安靜下來，不久便沉沉睡去。

要測試耐心，最難做到的準則就是去應付無法忍受的人。那幾位空服員的表現足以打滿分，而在我看來，它之所以奏效並不是因為她們對那個煩人精做出回應，而是以技巧和仁慈相待。難纏的人不習慣這種對待。他們通常不是被人嫌棄，就是遭人抗議。而如果你不斷施以白眼，被惹毛的他們自然而然就回歸到討人厭的角色裡。我們的反應其實是強化了他們的角色，誠為不智。不管你信不信，那些人往往很不快樂，他們渴望被人接受，只是拙於表達。

耐心也是一種認清自己步調也尊重他人步調的技巧。缺乏耐心的人與事比比皆是，我們都曾是受害者：咄咄逼人的截稿壓力、高速公路上你的後視鏡突然出現一部車不斷打燈；公車上推開眾人搶先上車，無視於很多人正要下車。這些事情都令我們不舒服。如果某人將他的步調強加在我們身上，我們會覺得受到冒犯。

而我們也曾是缺乏耐心的人。我們在電話亭外急得跳腳等著打電話，亭內的男人卻無動於衷，講個不停。我們飢腸轆轆，枯坐在餐館裡等著那個撲克牌臉孔的服務生注意。在郵局裡，一個話多的女人問了一大堆毫無意義的問題，浪費所有人的時間。

我相信，只要做些耐心練習，我們慢慢會體會到他人生活的深層面。我們會看到他們的步調和弱點，眞切了解到他們的本性。除此之外，耐心也是天下所有好老師的美德，知道要等待學生慢慢成熟，而非揠苗助長。

在匆忙之中，我們有可能迷失自己。可是我們太習慣於匆忙，以至於迷失了自己還渾然不知。一群科學家要到一個人跡鮮至的荒涼地方進行實驗，他們僱了一群墨西哥挑夫，準備徒手將配備運送到目的地。不可思議的是，半途上所有的挑夫不約而同停了下來。科學家先是驚訝，繼而生氣，最後火冒三丈。爲什麼不繼續走呢？簡直是浪費時間。而那些墨西哥挑夫似乎在等待。突然之間，他們不約而同又開始行動。其中一人對科學家解釋緣由：「我們剛才走得太快，所以把靈魂留在身後了。我們停下來，是爲了等靈魂趕上來。」

我們也一樣，常把靈魂留在身後。急務纏身下，我們忘了生活中眞正重要的東西。在匆忙惡魔的催趕下，我們忘了自己的靈魂——我們的夢想、溫暖和美善。

從這個角度看，耐心顯然是仁慈的一部分，因為如果不尊重他人的步調，我們怎麼可能仁慈？我們遺忘了靈魂，包括他們的，也包括自己的。下回當你突然驚覺自己老是催促小孩、因為火車誤點在月臺上走來走去、甚或急得忘了呼吸，不妨問問自己，你把靈魂留在什麼地方了。

仁慈的步調是悠緩的。當然，快速有它的好處，我們因此更有效率，也因此擁有權力感和掌控感。快速能刺激腎上腺，功能有如迷幻藥。一旦嚐到它刺激的滋味，放慢的腳步可能就顯得乏味，甚至丟人。要是你從甲地到乙地可以搭飛機，何必開倒車去坐船？然而，戈文達喇嘛這位佛教學者曾經告訴我，他旅行寧可坐船，一點一點來。這位年高德劭的聖者偷偷告訴我，他和他太太都覺得搭飛機感覺很不眞實，突然就從一處到了他處，從某個文化氛圍驀然進入另一個。下頭的一切，無論是河流、高山、海洋、城市、國家還是人群，轉瞬便已過去，你根本來不及體會它的豐富。而若是採陸路或海路慢慢旅行，你比較容易感受到這些變化，眞正看入心底。從他位於喜馬拉雅山腳的老家到達托斯卡尼山，整整花了五個月的時間。爾後多年，每當我在機艙裡受到劇烈震盪或是轉瞬間就到了彷彿是另一個星球的遠方，我常常想起戈文達喇嘛。要每個人都遵奉他的行腳步調確實不可能，不過他提醒了我：生活還有其他的方式。

要仁慈，我們必須挪出時間。馬丁・布柏（Martin Buber，1878-1965，奧地利存在主義哲學家及猶太文化學者）曾經論及我—你（I-Thou）和我—它（I-It）之間的關係。我—它關係將他人化爲物件，我—你則是眞正的情感牽連，是兩個靈魂的結合。我—它的關係是疏離的，驅使我們成爲其實非屬本性的東西，我們因此覺得孤單鬱悶，人與人之間相隔遙遠。我—你則是眞正的遇合，是生命的實質。布柏認爲，要建立這樣的關係，其中不能有任何期望和慾望，否則就會淪爲我—它關係，也就是將他人轉化爲一種滿足自我需求的手段。我—你的關係是極少見的，而在這些有如吉光片羽的時刻中，沒有非成就不可的急迫要務，也沒有操控或說服的壓力存在。急迫感一旦顯現，我—你關係會立刻變成我—它關係。腳步放慢，可以增加人與人之間眞正遇合、認識彼此的可能性。

我相信，全球冷化現象和現代生活各個層面的快馬加鞭有密切的關聯。我們都在壓力的追趕下，連一秒鐘都浪費不得。孩童被趕著快快長大——如果他們今年就完成了明年的課業，我們會引以爲傲。電腦速度越來越快，功能越來越強。買賣交易即時完成，想要什麼東西幾乎立刻就能到手。員工被要求隨傳隨到，二十四小時待命。出廠的汽車速度越來愈快，速限也因此節節升高。爲了增加獲利，消費商品的推陳出新更爲頻繁。無意義的活動，例如擺龍門陣、在廣場或公園聚會、和他人一起消磨時光，常被白眼相看。如此，留給溫暖的空間難免就愈來越小。

勞伯・勒范恩（Robert Levine）是一位專門研究生活步調的學者，各個文化對時間的認知是他長久以來的研究主題。勒范恩以三個變數來測量時間的認知：到郵局買張郵票的時間、行人在街上行走的速度、銀行裡掛鐘的準確度。他發現文化快慢有別；在速度偏快的文化中，準時和精準往往備受鼓勵，有的文化則是慢如牛步，完全不講究精準；西方社會和日本步調最快，巴西、印尼、墨西哥最慢。當然，勒范恩的研究並不表示時間的認知有高下之別，只是文化本質各有千秋。不過，這項研究似乎隱約浮現出快馬加鞭生活的一個缺點：腳步匆忙的文化，循環系統方面的疾病較爲普遍（日本是個例外；它強韌的社會支援網絡和凝聚力量彌補了時間的壓力）。這個發現和多項關於A型人格的研究不謀而合。這些研究顯示，A型人格者——缺乏耐心、爭強好勝、暴躁易怒——，罹患這些疾病的機率大體相同。

勒范恩並沒有發現生活步調和助人意願之間有所關連——兩者構成元素自是不同。不過有其他研究發現，我們越是匆忙，就越不願幫助別人。我最喜歡下面這個實驗。一群神學院學生在聽完有關行善的演講後，必須一個一個走到鄰近的大樓去。他們在半途都遇到了一個由研究學者假扮的人，那人躺在地上，假裝跌倒受了傷。大部分的準神父都跑去幫忙。可是如果這些學生是在時間壓力下，必須從這個大樓趕往另一個大樓，他們當中的「好撒馬利亞人」便神奇地消失了。其中一個學生，匆忙之中竟然踩過這個假扮遭遇不幸的演員，而雖然他大呼小叫，那學生依然頭也不回地直奔目的地。是的，如果我們有較多的時間，我們會比較仁慈。

在這個凡事求快、需求要立刻滿足的時代，耐心是個不受歡迎甚至看了就乏味的特質。然而，很多研究都顯示，能將滿足延緩的人，在事業和人際關係上的成功機率大得多。我們曾在前面的章節討論過這個主題，不過它還是值得從這個角度做再次的檢視。願意將當前的滿足（例如立刻吃到一個冰淇淋）延遲到稍後以領取更大獎賞（明天吃一個更大的冰淇淋）的兒童不但智力較高、少年犯罪機率較小，社交能力也較強，而且即使在數年之後也是這樣。他們還有一種比較成熟的內控能力，也就是自信能掌握自己的生命，不被變故、無力感、凡事無置喙餘地的感受（這些都是憂鬱症的最佳保證）所左右。

獲得立即滿足，是現今社會生活最普遍的標記之一。我們不想等。我們什麼都要立刻到手，得不到就變得不遜。在這個欠缺耐心的時代，等待的藝術也沒落了。我相信，重拾這門藝術並且傳承下去，是留給子孫後輩的最佳禮物。

培養耐心的最佳練習之一，是靜思冥想。我們可以它視爲一個學習放緩腳步、打開心胸、容許不同時間認知的技巧。這是戰勝不耐和匆促的方法之一。在西藏佛教的傳統裡，有個練習是要求弟子將五百個小瓶一個個裝滿水——要很有耐心、不急不徐。時間一久，大家會漸漸不耐，注意力越來越渙散，因此這個練習的重點是：在裝這瓶水的時候，你不能想到還有四百九十九個空瓶。這是任何人都適用的絕佳練習，也適合在學校教導學生。

耐心其實不如我們想像的那麼沉重、乏味。耐心，只是不同的時間認知。時間會無情地吞噬我們的人生，奪去生命所有的意義。時間是我們逐漸衰老、力氣漸失的肉體。時間是逼在眼前、揮之不去、隨時打算中止生命的死神。時間會讓我們的工作化爲塵土，讓我們湮沒在荒草當中，永遠被遺忘。所以我們盡量不去想它，只想在被永恆的黑暗覆蓋之前趕緊做事，越多越好。多麼殘酷的玩笑。以這樣的觀點看，你的時間炸彈總在不停地滴答計時。可是，排隊排在你前面的人卻留連不走，跟職員大聊各種芝麻小事，這時你要不心生殺人的衝動也難。

不過，如果我們從另一個角度來看這個難堪的處境呢？或許我們會發現，時間其實是種心理建設。你不必害怕，無須匆忙，因爲該來的躲也躲不掉。說不定我們的心境因此會平和些，而看到那些奪取我們時間的人，無分大盜或小偷，目光也會仁慈些。

時間是種幻覺，所有重要的心靈宗教都曾表達過這個觀念。說不定它是個比我們想像中更普遍的人生體驗，而非開悟的高僧大德才有的專利。每個人對於永恆或多或少都有一份渴望。望著夜空中的星斗，沉醉在天籟般的音樂裡，和心愛的人在一起，我們都會忘記時間的流逝。

有一則印度神話，說一個人要求牧牛神黑天（Krishna，印度教中毗濕奴〔Vishnu〕神的第八化身，常被描繪爲吹笛的美少年）讓他看到幻境。牧牛神似乎沒有滿足他的要求，可是從那一刻起，他先前平靜無波的人生開始變得曲折多變、高潮迭起。他遇到一個女人，愛上她後兩人結婚，之後又買了房子。他努力工作，因此致富。生意蒸蒸日上，不意竟然破產。接著一場洪水氾濫，眼看這場災禍就要奪去他的性命，他驀地醒來，發覺原來是南柯一夢。牧牛神黑天站在他面前對他微笑，說這一切全發生在剎那之間。充滿美夢、惡夢的一生，不過一瞬即逝。如流的歲月，是一場魔奇的幻影。聖者拉瑪那・馬哈希（Ramana Maharshi）在心中一定頗有同感。他臨終前側耳傾聽，驚問悲傷的徒眾：「你們以為我要去哪裡？」如果你已置身永恆，根本無須匆忙趕去他處。

這一切似乎和耐心無甚關聯。話說回來，耐心只是一種能力，讓我們無所懼怕地面對不斷流失的時間，在一成不變的日常生活中體會到沒有時間感的驚喜片段。如果挖掘更深，我們會發現，匆忙和我們的怕死心理有關。倘若我們能擺脫一定要第一個到達目的地、多做點事、多賺點錢的渴求，那麼他人就不會像是絆腳石，阻礙了我們去辦急事。我們會對他們感到更多的仁慈，會將他們當作人看待，因為我們知道，我們擁有全世界的時間。

11 慷慨

重新劃定邊界

一個秋日午後，一場暴風雨突然來襲。幸好我有車。回家路上，我看到一個女孩被困在滂沱大雨中，希望我讓她搭個便車。我停下來，讓她上了車。我問清她的目的地，發現離我家好遠，可是我不能把她丟在大雨中不管，所以我就開車送她回家——我覺得自已挺慷慨。可是，當我再度轉動鑰匙，車子卻動也不動。大雨把啓動器淋壞了。我只好把車留在原位，自己冒著風雨走回家。隔天我得回來把車子移開，發現車子正好擋在路中央。一定有人氣得咬牙，因爲那人在我一個輪胎上劃了一刀。爲了等修車我花了不少時間，因為修車廠一如平常，工作很多。好像這樣還不夠慘似的，我後來發現在我等待修車之際，有人打電話給我，提議一項重要的工作企劃。可是我不在，因此錯失了機會。

這個尋常的恐怖故事在我心裡撩起了一個疑問。我因為慷慨，所以付出了慘痛的代價。我提供資源，結果下場悽慘。事後想想，說不定自私一點還好些。讓那個女孩被雨淋濕有什麼關係？至少我不會損失一整個早上，還有時間、金錢、和那個大好的工作機會。

只是，那不是重點。對付出者而言，慷慨眞正的好處並非物質利益，而是內在的蛻變。我們變得更柔軟，更願意冒險。我們從重物輕人，變成重人輕物，和他人的界線不再那麼決絕。我們感覺自己就像整體的一部分，樂於分享資源、感情，還有自己。

沒錯，慷慨有它的風險。你有如過河卒子，沒有退路。我記得我的義子傑森四歲的時候，把他最喜歡的一個小玩具車送給我當禮物。我明知他對那個玩具寶貝得很，還是收下放進口袋裡。當時倒是平安無事，可是沒多久，傑森發現送人禮物表示那樣東西永遠不會再回來，他永遠也看不到那個玩具車了。他一時著慌，吵著把車要回來。他著慌，是因為失去了無比珍貴的東西——失去了那樣東西，生活會截然不同。當然，我早就打算把玩具車還給他，可是等傑森平靜下來，他卻下了決心，要我保留它。他已經學到，把東西送出去是個駟馬難追的承諾。一旦你躍過了那一點，你就回不了頭。

付出的東西份量可輕可重。我們可以撥出一點時間、捐出一小筆錢、一本讀過的書。我們也可以捐血、捐骨髓，或是重大的心力、大半的儲蓄。不管我們付出什麼，都必須有個前提：在付出的那一刻，把自己完全送出去。不甘不願、冷淡漠然或是漫不經心的慷慨是矛盾。如果你慷慨，你會不吝付出自己，一無保留。

慷慨，讓我們觸及生命中的最底層。面對財物資產的主題，我們每每變得很敏感。那是人類潛意識裡的一種千古焦慮，是由於數千年來的匱乏、危殆、窮困、飢餓累積而產生的。內心深處，我們對財產不但覬覦，更深恐失去。把最心愛或是對我們有用的東西送人，為什麼如此困難？不僅是因為我們知道自己會想念它，更害怕它一去不回。這就像割下自已的一塊肉，像是垂死掙扎。

慷慨，意味著對這些古老恐懼的征服，也意味著重新劃定我們的疆界。對慷慨的人來說，疆界是可以逾越的。你的東西也是我的，包括你的痛苦和難題，這是悲憫。而我的東西也是你的，包括我的財產、身軀、知識、能力、時間、資源、精力，這是慷慨。

一旦戰勝了潛意識中源遠流長的恐懼感、重新劃定了疆界，我們內心就會產生蛻變。不容諱言，即使是世上最不在乎、最想得開的人，心底對自己擁有的東西也是執著有加，念念不忘。這些情緒上的肌肉永遠緊繃著，無論是一個人、社會地位、物品還是安全感，只要是我們的東西或是我們認為屬於自己的東西，我們就緊抓著不放。這個緊緊抓住的動作既是恐懼，也是一種自以為是的重要。我們就像佛教寓言中的一群小孩，在沙灘上堆土蓋城堡。每個小孩都有自己的城堡，各有各的領土。每個人都覺得自己的最重要：「這是我的！」「是我的！」，甚至因此吵架、打架。夜晚來到，孩子紛紛歸家，他們忘了沙做的城堡，沉沉進入夢鄉，而所有人的作品都被浪潮沖洗得乾乾淨淨。我們最寶貴的物品就像沙做的城堡。我們真的要把自己看得那麼嚴重嗎？慷慨，能鬆開我們緊抓著不放的執著，讓我們放手。

不過，我們並不是一直就那麼執著於擁有。人類學家告訴我們，我們所知的財產制度其實每個文化各不相同，例如舊石器時代與現代就迥然相異。而以狩獵和聚居為特色的遊牧生活（我們也曾那樣生活過），社會結構也和我們大相逕庭。比起我們來，他們財產少得多，生產少得多，分享卻多得多。我不知道我們在那些遊牧社會眼裡看來是什麼模樣。說不定像一幅諷刺漫畫，緊抓著擁有的東西不放，亟思保護不說，還每天一面清點一面想要更多，覬覦別人的擁有。

這是個弔詭。披著獸皮、挨寒受凍，到處有掠食動物虎視眈眈，一小群人相聚取暖，在危機四伏的環境中求生存——這樣的情境下，人類反而比較慷慨，懂得互助。如今，在宛如半催眠狀態的超級市場裡，溫度調得剛好，銀行存款安全無虞，人人豐衣足食，無名無姓、面目模糊的消費者受著千萬種商品的刺激：「摸我！買我！把我帶回家！」——這樣的情境下，我們反而不能慷慨。

我們常將慷慨視爲一陣心軟的衝動。任何行止也比不上不假思索的付出更高貴、更美麗。不過在付出的同時，頭腦還是有其必要。有時候，我們的付出反而是傷害。送啤酒給酗酒的人、送摩托車給一個冒失鬼，都有可能變成致命的選擇。

禮物當中也可能帶有意識形態、命令意味、價值判斷。送禱本給無神論者，送健身房使用券給癡肥的人，送除臭劑給有體味的人，都不是慷慨的好榜樣。這些不是成見就是壓力，只是假扮成禮物的模樣。送禮的人或許會反駁，說他是爲了收受者的福祉、安全和進步著想。動機或許良善，可是這完全是出於付出者的價值觀。對方收到這種禮物的時候會怎麼想？心裡八成很不舒服，而且除了忍受這樣的壓力，說不定送禮的人還指望他說聲謝謝。這樣的贈禮沒有自由，沒有誠心，只有掌控。

讓收受者感到困窘的付出行爲不一而足。例如，其中透著優越感或道德高尚：「看我多麼慷慨。」送禮也可能帶有微妙的意圖，希望受者因此被左右或是欠自己一份情：我付出這麼多，以後開口要你幫忙就容易了。同樣的，付出有時候也可能有心無腦，熱情是不缺，可是禮物累贅又毫無用處。要是你送一條巨型犬給住在小公寓的人，這人會怎麼想？或是喜歡聽搖滾樂的人收到貝多芬交響樂當禮物？很多禮物既不恰當，又容易得罪人。

然而，每個人都擁有一些即使不是非常重要但他人一定會有興趣的東西：金錢、時間、必要的資源如水或食物、注意力、給予尊嚴的能力。而我們是否願意把這些分享出去呢？我們渴望別人所擁有的，而別人又渴望我們所擁有的，這是現代生活的樣貌。就像紙牌遊戲，每個人手上都有一些其他玩家需要的牌。

眞正的慷慨需要敏銳的知覺引導。送給別人的東西，必須是對方更上層樓之所需；

可以僅是維生餬口，也可以是引導學習、培養興趣、治療疾病、謀求生計、發揮才華。這樣的付出不是出於內咎，也沒有人情債、左右他人或炫耀的考量。這樣的付出能讓收受者免於任何義務，因此心無罣礙、完全自由。這是頂級的仁慈。

而你不但可以在物質上慷慨解囊，也可以大方贈送心靈的特質。特別是，你可以慷慨送出自己。這是一種很微妙的慷慨。每個人都擁有一些連自己都不知曉的寶貝。我們都有想法、形象、經驗、記憶。有時候我們急於插手他人事務，所以熱心提出建言、宣揚自己的理念。可是，我們常忘了告訴別人，什麼東西會撥動我們的心弦。我們把這樣的經驗保留在內心，只拿容易的東西出來交流。然而，透過內心生命、最豐饒肥美的方寸之地的分享，我們的人際關係可以變得更豐富而愉悅。我們的人際關係，端賴我們願意付出多少程度的自己和別人交流。

前些時候，有家澳洲電臺訪問我。過去我見過一些訪問者，急就章又不用心，不是問不相干的問題就是老把對話轉移到能讓她們自吹自擂的話題上。可是這位不同，句句切中要點。從她的問題當中，我知道她對我的著作和工作有過非常用心的整理。她越問越深入，問及我的內心生命、我的靈感啓發、我最珍愛的東西。那場訪問令我非常滿意，覺得我付出了最好的一面。到最後，我心曠神怡，就像做完一場收穫豐碩的冥思或心理治療課程。

幾個星期後，電臺播出了那一次的訪問內容。我有幾個朋友在開車的時候，正好聽到這個節目。他們沒料到會在路上聽到我的聲音，而且談的是私密事務，還帶著澎湃的感情。我的朋友都很訝異，這倒不是因爲他們湊巧聽到我的聲音，而是我在訪問當中和平常判若兩人。事實上，我通常不願多談自己的感情，除非迫不得已，而且即使不得不談，我也會極力冷靜自持。我從來就不是個好的談話對象。這一回，我的朋友聽到的完全不是他們認識的我，而他們覺得這人可愛得多：你爲什麼不曾顯露你的這一面？

是啊，爲什麼？因爲我不知道自己竟然如此有趣。還有，也是因爲疏懶和不實的謙遜，我一向吝於展現自己。我不知道自己的內在就和每個人一樣，藏著那麼多的寶物。無論我有沒有才華，我珍愛的東西、撩起我感情的東西無一不重要、無一不美麗，而這不只是對我，對任何人都一樣。這是因爲世上沒有所謂平凡的生命，每個人都是有趣的，都有値得一說的故事，即使我們並不自覺。慷慨就是從這點體認起飛：我們知道自己擁有許多故事、感情、理念和夢想，而這些不但足以敝帚自珍，也能澆灌、鼓舞無數的他人。

我們也可以慷慨於我們的心智，將思想和注意力送出去。我出第一本書的時候，請了幾位德高望重的人寫幾句評語在書頁封面上。我想當然耳，認爲他們應該撥得出時間把那本書看完。等我稍有名氣，也開始有人找我寫評語，這才發現這份差事既費時又費腦——兩種我們永遠都嫌不夠的資源。我憶起別人也曾幫過我同樣的忙，當初我以爲那只是表面的禮貌，現在才體悟到，那其實是慷慨。我們的心智足以履行各式各樣的功能：檢視、反省、矯正錯誤、提供有力的觀點、絕佳的點子和鮮爲人知但彌足珍貴的資訊。只是，我們是不是慷慨到願意費這種工夫？

我們也可以付出希望。假設你是個主試官，正在爲你的企業招募人才。有個人來應徵，他背景不明，說不定才剛出獄。他想重新開始，可是誰敢保證他不會再度犯下偷竊、欺瞞的昔日惡習？你願意給這人一個機會嗎？這也是慷慨：自冒風險，給予他人一個救贖的機會。即使我們面對的不是剛出獄的人，我們也常拿一個人的過去來評斷人。然而，我們可以給他機會，心想這回可能會有不同。這是精神上的慷慨。

我們也可以在工作上慷慨。我們可以只把自己那份工作做完，其他一概不管，就像只求及格的學生，不願多花一點心力用功。或者，我們也可以多給一些。有一回在雜貨店，一個收銀員令我深爲感動。她打開一盒雞蛋，細看有沒有任何碎裂。沒有人要求她這麼做。在休假日爲你修車的車行師傅、東西缺貨但是告訴你去哪裡可以買到的店家主人、沒人要求但願意花時間爲你義務輔導功課的老師、不只開藥還不厭其煩地將你的毛病解釋得一清二楚的醫生。這些人都是做得比必要的多一點。他們都是慷慨的人。

提到慷慨的好處，似乎總有人覺得忌諱。慷慨就定義而言就是非關利益，而如果慷慨本身就是一個崇高的目的，何必要談收穫？談收穫，純粹是爲了對這個主題有更充分的了解。我們應該知道，慷慨和自尊有關。具有高度自尊的人多半慷慨，反過來說，慷慨的人也常有高度的自尊。舉個例子，有個研究以自願參加一項涉及風險的生化實驗的人爲對象，發現受試者的自尊因而增加，而且長達二十年之久。另外一項研究以電話訪問五十二個骨髓捐贈者，發現這些捐贈人相信，捐贈行爲表露了他們的核心特質，他們的自我評價也因此提升。

我們還知道，快樂的人比較慷慨。心滿意足的時候，我們比較會仁慈待人。例如某個著名的實驗，無意中在電話亭裡撿到錢的受試者，看到有人掉了一疊文件比較會去幫忙檢拾。心存感恩的人比較容易慷慨解囊，對遭逢困境的他人伸出援手。反之亦然：你如果慷慨，你會比較快樂。慷慨，是心情的提振劑。有人問印度泰瑞莎修女，爲什麼她那群助貧救苦的助手氣氛總是快樂歡欣。泰瑞莎修女對那人說：「因爲世上沒有比幫助苦難的人更快樂的事。」

看幾個虛假的慷慨行徑，或許我們對慷慨會有更深一層的了解。很多商品在促銷期間承諾要給顧客禮物：累積點數，你就會「免費」得到一個漂亮的碗！於是人人勤勤懇懇蒐集小印花貼在集點卡上，引頸盼望那天到來，好得到免費的碗。不管那個碗有多醜，也不管家裡是不是已經有了，重要的是你可以不勞而獲，免錢就可以得到。彷彿沒有其他事好幹似的，大家耐心地、熱烈地累積點數，直到那個日子到來。我想，贈品活動的價值不在於贈禮本身，而是可以免費得到的事實。這完全是假慷慨之名。人盡皆知，這是一種不實的商業手段，目的只是爲了吸引消費者的目光。然而這個幽靈，這個僅是隱約貌似慷慨的冒牌貨不但吸引了我們，還讓我們意亂神迷。

多麼悲哀：舉目所見慷慨如此稀有，因此即使是少許的不由衷的慷慨都能誘引我們。多麼美妙：這種特質近在眼前，就在我們的血肉之軀，也在我們祖先的血液裡。慷概是所有人類的潛能，無比珍貴，而且唾手可得。

九一一恐怖事件發生後，幾分鐘內就傳遍了整個世界。可是有些人很晚才知道。肯亞南部有個部落，是個遠離西方科技的偏遠地區，直到事件發生七、八個月後才得知。我不知道那些對我們的世界幾乎沒有任何認識的人怎麼想像這種事情，對紐約這場世紀大災難又有多少了解。可是他們知道，一場悲劇發生了。他們穿上五彩衣服，愼重地召開會議，決定把部落最寶貴的財產——十六頭牛——送給紐約人，好幫他們度過難關。這些深知飢饉滋味的人願意放棄自己的食物，只爲了對他們素昧平生的人類同胞顯示感戚之情。

慷慨正是如此：把最心愛的東西送人。這樣的舉動可以轉化我們。送出後我們的物質會困窘些，可是感覺更富有。或許我們也會感到少了點裝備和安全，可也多了點自由。我們就此具備了條件，讓寄身的世界更添幾許仁慈。

12 尊重

仔細看，用心聽

我們都知道被人輕看的滋味。那人彷彿不是自己，而是我們一個可憐而難以辨識的分身。我們的好別人體會不到，不是我們的錯卻推到我們頭上。這種令人難受的經驗讓我們坐立不安，也忿怨難平。可是這樣的情形屢見不鮮，原因只有一個：大家都太懶了。什麼人會願意花時間去認識眞正的我？少之又少，因爲實在太費事了。把人分門別類或是把人當智障看待容易得多。把那些捉摸不定、還不熟悉的新事物拋到腦後去吧，因爲要認識它們太費功夫。

更糟的是，別人根本看不見我們，彷彿我們是隱形人。生活照常運轉，大家自顧自地談話，該做什麼做什麼，說笑、吃喝、做白日夢、猜字謎，完全無視於我們的存在。在賣場或辦公室裡，這樣的情景尚稱正常，在家中或是跟朋友在一起也這樣，就比較令人憂心。而如果無時無地不如此，那無疑是悲哀。

現在，我們來設想一種相反的情境。這當然罕見得多。某個人願意花功夫去了解我們，平心接納眞正的我們。在這人眼中，我們不但眞實，而且獨一無二。我們不再是隱形人，不再感覺自己像個符號或模板，而是一個饒富趣味、値得細細品味的人。我們覺得自己有了價値，這不單是因爲我們有反應，也因爲我們是個眞實的自己。他人不實的觀感或蔑視不再囚禁我，因爲有人張臂歡迎這個眞實的我，看得到我未來可能的成就。多麼大的寬慰！有人注意到我。有人看見了我的價値。有人知道我的存在。

這就是尊重（respect），從拉丁文 respicere 演變而來，意思是「看見」。在許多人眼裡，尊重也像耐心一樣，是個老舊、落伍的美德。然而仔細想想，尊重當中其實蘊含著無限契機。我們看別人從來就不可能不偏不倚，因爲我們會扭曲目之所見。我們不像銀行這等公共場所的監視錄影，客觀、無私地將所有人的一舉一動都拍攝下來。看見一樣東西，就是賦予它生命。我們的注意爲它帶來能量，無視於它就是取走能量。人類學當中提過一種「沉默的對待」，這是一種排斥，就當某個人完全不存在。大家對他聽而不聞、視而不見，根本不承認有他這個人。這是可怕的懲罰，受罰者有如被判了死刑，即使沒有人動他一根寒毛，也完全不侷限他自由。在我們的社會，沉默的對待從來不曾如此決絕過。整個社會不曾對某個人刻意施行過這樣的懲罰。可是，即使是小小的劑量也有嚴重的後果，讓人缺乏安全感、沮喪鬱悶、自尊盡失。

事實上，要看見，而且是眞正的看見，只需費你一秒鐘。我想到我兒子學校的助教，每天早晨都會等在校門口歡迎小朋友，她會叫著名字打招呼：「你好，喬納遜。你好，柯西摩。你好，蘇菲雅。你好，愛琳，」一個也沒忘記。我忍不住要想，如果情況正好相反呢？小孩進了門，誰也沒注意他。他踏進這裡，立刻變成眾人中的一個。他會覺得自己無足輕重，有如無物。可是，只要一進門就有人叫他的名字，一切頓然改觀。這就像有人說：「嗨，你在這裡很重要。」在這裡，你是個「人」。南非的納塔爾人互道問候的方式是稱名道姓，但他們不說「你好，」而是「原來你在這裡，」對方則回答：「是，我在這裡。」

別人願意看見我真正的面目，我會感到被尊重。可是，我真正的面目是個什麼模樣？是別人每天看到的我嗎？那只是我的一面，是我的門面。如果我是個真誠而沒有心機的人，別人會看見大半的我，可是那也不是全部的我。那麼，我到底是誰？那些被我隱藏起來不爲人知的私密世界、各種夢想、鮮少甚或從未顯露的脆弱、難以啓齒的奇思異想，難道這才是我？答案接近了，可是還差一點。那麼，難道我只是潛意識裡一個連自己都不認識的影子？可能，不過還不夠。誰會喜歡被人視爲是個連自己都不認識的人？繼續努力。試試這個如何：那個希望受人肯定、令人難忘、獨一無二、富有愛心、堅強有力、集最好特質於一身的我，才是眞正的我。沒錯，這些特質很少浮現，甚或從未浮現過，不過未來依然有展現的可能。日常生活的我和我的七情六慾——憤怒、慾望、希望、痛苦——也是眞實的，是我最基本、最具體的面向。可是最重要的是：那個尚待成形或是只有在最佳狀態才會曇花一現的我也是我。

如果這部分的我被忽略了，我就會受傷。湯姆．葉曼斯（Tom Yeomans）談到「受傷的靈魂」。如果孩童時代的我們不被視爲充滿愛心、智慧和創造力的靈魂，卻被當成一個難搞、頑固、討人厭的小孩，或是只是個漂亮的展示品，甚或完全被忽略，如果這個眞我沒有被看見，我們會受傷，而且傷痛會伴隨我們進入成年期。爲了被接納，我們會割斷自己和眞我的臍帶，從此這樣活下去。我們命是保住了，可是並沒有活著。

仔細看，是一個主觀、有創意的行爲。主觀，是因爲它會隨著我們此時此刻的意念和想法而變，也隨著過去的經驗、未來的希望而有所不同。有創意，是因爲我們能藉由它觸動、轉化他人，而非讓他自生自滅。

中東有個故事，說一個男人老是被家人欺負。他被妻子使喚、折磨，被孩子取笑、作弄。他覺得非常委屈，心想該是離家出走，尋找天堂的時候了。他尋尋又覓覓，終於遇到一位年老的智者，詳細指引他到達天堂的路。智者說：「你要走很久很久，不過終究會走到。」那人立刻出發。他白天不斷趕路，到了晚上筋疲力竭，就找個客棧歇腳。他一向是個一板一眼、按部就班的人，決定睡覺前把鞋尖對準天堂的位置，以免隔天早上起床後忘了方向。可是一個小惡魔趁他熟睡時偷偷將他的鞋子反轉了一百八十度。

隔天起床，他立刻動身。他走的方向和前一天正好相反，等於朝著起點往回走。他走著走著，路上景物越看越熟悉，終於走到他住了一輩子的家鄉。可是他相信那是天堂。「天堂的模樣多麼像我的家鄉！」可是既然是天堂，他心中只有欣喜，因此喜歡得不得了。接著他看到老家，也以爲是天堂：「多麼像我的老家！」可是既然是天堂，他覺得那房子順眼極了。他的妻小出來迎接他。「多像我的老婆孩子！天堂的一切都和過去沒有兩樣。」可是既然是天堂，看在眼裡什麼都好。他的妻子親切動人，小孩鶴立雞群，才華洋溢，都是他平日不曾察覺到的。「奇怪，天堂的一切都神似我過去的生活，可是又是如此的不同。」

我們的思維也可以做同樣的實驗。選定一個我們熟悉的人，想出他所有的特質，包括顯而易見的、富有潛力的、或是極少顯露的。說不定我們能看見那人的靈魂，他最深、最美的核心。看到靈魂，就是看到一個人的實質，不停駐於浮淺的表面。這就是眞正的看見。

有時候，這樣的轉化是歪打誤著。有一天，我主持的研習課程正待開始，有人指著X先生——一個蓄著白鬍鬚的男人——對我說：「你絕對想不到那個男人有多風趣。他的幽默感是一流的。」我看著那人，立刻覺得他很像一個四處散播歡樂的快樂精靈。研習開始，我先對他打了聲招呼，還加上一句：「聽說你很有搞笑的本事。」這個靦腆、矮小的男士狀甚驚訝，彷彿從來沒有人告訴他似的。上課期間，我注意到他心情極佳，常常對著自己微笑。我料想他一定會說幾個笑話，果然他一個接一個說個沒停，而且一個比一個精采。那天早晨上完課，我對一開始將他指給我看的人說：「你說的沒錯，X先生眞是非常風趣。」而他回答：「等一下，你以爲我在說誰？我說的是那邊那個人，」隨即指向Y先生——一個又瘦又高、面帶慍怒、始終沒開過口的男人。

我盜取了一個名銜送給X先生，稱他爲幽默高手，這個無心之舉有如給了他一張許可證，容許他表露一般人不知情或未肯定的一面。由於一個無心之過，我看見他隱藏的特質，還啓動了它。如果我認爲這人有飛翔或是說古埃及文的潛質，他當然不可能眞的飛翔或是說起埃及文來。可是我看到了一個可能，而拜被看見之賜，它變成了事實。

改變心念就能改變另一個人的特質，這話聽來或許很玄，其實低估了心靈的力量才是眞玄。多項研究不斷驗證了比馬龍效應（Pygmalion Phenomenon）：當我改變對你的認知，你也會跟著改變。老師眼裡最聰明的學生，果眞變得最聰明；老闆心中最能幹、最有效率的員工，果眞變得最能幹、最有效率。我們的認知就像照射在植物上的光，讓它被人看見，供給它養分、刺激它生長。想想看，每個人身上有多少才華和特質沒有充分顯露？因爲沒有人看見。

反之，如果潛能受到肯定，它的彰顯指日可待。這就是尊重。顯而易見，缺乏這樣的尊重，仁慈是盲目的——膚淺而不專注，不能洞察一個人的價值，對方因此感到被輕視。這種仁慈不能算是有實質。

不僅受到仔細而專注眼神注目的人會改變，連眼神的主人也會煥然不同。創意是雙向的。如果我們訓練自己以更專注的眼神去看週遭的人，因而看到他們因爲噪音或膚淺表面遮掩住的重要特質，我們也會變得不一樣。爲什麼？因爲一個人是由自己的認知構組而成的。我們每天的目之所見加上我們自以爲看到的一切組合成今天的我，也決定了我整個人生的色調。如果入眼的盡是黯淡灰澀，如果一切看來都是空虛，到頭來自己也會變成一個空殼。反過來說，如果每個人看在眼裡都是不同凡響、趣味橫生，我們的世界也會變得生氣蓬勃、豁然開朗。

我們也會變得比較放鬆。在一個探索感情對自主神經系統影響的實驗裡，研究學者發現，憤怒和欣賞造成的結果截然相反。這當然不令人意外。研究者請第一組的受試者想像令人氣憤的情景，另一組則對他人表示欣賞。第一組的心跳和血壓雙雙升高，第二組則反是，自主神經系統不但較爲活躍（這有保護作用），心臟的電磁波紋也較有條理。

肯定別人，我們會比較開心。古老猶太教有一則寓言。一個修道院日漸頽敗，宗教熱誠也江河日下。長老們一個個過世，卻後繼無人，難傳衣缽。整個院裡一副敗壞景象，甚至予人山窮水盡之感。一天，一位拉比（rabbi，猶太教牧師）路經修道院。和修士相處片刻後，他說：「可惜我沒有忠告給你們。不過你們當謹記：救世主就在你們當中，」說完隨即離去。修士聞言，甚是訝異。一天天過去，那些字句依然在他們心頭縈繞。「我們當中誰是救世主？是那個好脾氣的話匣子，還是那個好像從來就沒做過什麼事的懶骨頭？是那個沉默寡言的乖僻傢伙，還是那個永遠據理力爭、自以爲是的萬事通？」漸漸的，修士的缺點都變成了美德：沉默表示虛懷若谷、大智若愚；滔滔不絕是因爲想讓人開心；懶惰其實是因爲天性淡泊、心如明鏡。「我們當中有個人是救世主，」從此以後，修士們都以最大的尊重對待彼此，像對救世主一般仁慈相待，神性在日常的平凡面貌中逐漸顯露。我們當中有個人是上帝派來的，自當以無比的尊重對待。慢慢的，修士感受到了這股尊重，彼此的關係變好了，修道院的氣氛也因此改觀。因爲對彼此的認知完全不同，他們變得更自在，也更快樂。外界訪客開始上門，新的修行人也紛紛而至。心靈革新一旦萌芽，歡笑和奇蹟遲早會再現。那些修士因爲學會了重新看見，人生因此改觀。

不過，尊重不只關乎仔細看，也關乎用心聽。沒有傾聽的耳朵，尊重不可能存在。可是傾聽誠非易事，尤其在這個噪音轟隆的世界。我們前所未有地受到各種聲音的干擾和分心：交通、機械、餐廳賣場裡逼著入耳的空洞音樂、飛過頭頂的飛機、腳下的地鐵、鄰居的電視、附近的搖滾音樂會。人人飽受噪音的污染，那些不請自來的聲響穿透我們耳膜，震動我們心志，一點一滴造成看不見的傷害。

我們製造出這麼多的噪音，或許是因爲不想傾聽。眞正的傾聽只可能發生在靜默中。沒有外界的喧囂擋在中間，我才可能聽得到你，我尤其必須關掉我內在的聲音，才不至於對你的心聲聽而不聞。唯有眞正專心聆聽，我們才會恍然，我們是多麼想爭著出頭。你或許耳朵在聽，可是所有的思緒在心幕上波濤洶湧，各種想法、字句、影像都在等待對方住嘴，等著自己發聲的機會。我們迫不及待地想開口，即使不用言語打斷對方，思緒也會橫加阻撓。

有時候我會在研習課程中運用一個傾聽的技巧。我不知道這是誰發明的：把一個貝殼或是某樣東西放在群體中央。任何人想開口說話就拿起貝殼，道出心中塊壘。其他的人只有聽的份——除非手上拿著貝殼，否則誰也不能開口。發言完畢，那人把貝殼放回中央，接著是片刻的靜默，讓大家將那人剛說的話咀嚼一番，之後再由其他人拿起貝殼。依此類推。

這是一個有用的技巧。它突顯出我們多麼渴望訴說心聲，這樣的衝動多麼強烈，卻不想聽人說話。它也告訴我們，傾聽會逼我們慢下步伐、沉澱思緒，因為真正的了解需要停頓，也需要專注。

可是，沒多久大家就厭倦了這個練習。等到貝殼回到中央，很多人爭相去取，而即使有人正在發言，旁人也是摩拳擦掌，準備隨時撲上去搶，心頭還一面思索著等下要說的話。就這樣，他們忘了傾聽。

要傾聽，需要的不只是靜默。你不只需要把字句聽進耳朵裡，還要揣摩說者的心境。字句本身往往不是那麼重要，語氣腔調透露得更多。例如，有人對你說「好」，語氣是迫不得已，還是熱切興奮？是尖刻還是欣欣然？簡單的幾個字：「我要去散步」或是「你把報紙放到哪裡去了？」有可能包含憤怒、不悅、抗議，也可能透著熱情。我們只需傾聽就好。我看過這樣一幅畫：一扇窗戶開向滿是烏雲的天際，窗簾翻飛。底下一行字寫著：「我不記得你說了什麼，可是我記得你說話時的表情。」

傾聽是崇高的藝術，它能鼓舞人心，重振精神。說話竟然有人聽，他既不想奪走你的麥克風、駁斥你，也不說俏皮話或改換話題，這簡直神奇，你會因此心生寧靜。不管你是什麼人，也不管你說了什麼，有人聽就有了價值。眞正的傾聽除了聽到冠冕堂皇的場面話之外，還會聽到靈魂的聲音，甚至它的吶喊。

傾聽也能爲聽者帶來寬慰，一種來自於靜默的平和心境。要傾聽，你必須完全放空自己，焦慮和煩惱因此化爲烏有，內在的雜音消聲匿跡。傾聽的時候，你是完全自由的。

因此，尊重不但關乎仔細看，也關乎用心聽。不過，如果說眼睛是靈魂之窗，耳朵卻好像完全洩不了我們的底。面部五官當中，最沒有表情的就是耳朵。可是當你仔細觀察它複雜得出奇的形狀，你會看到它出乎尋常的接納性——耳朵是一種意象，代表我們對這個世界的開放。可惜這樣的接納在我們身不由己的忙碌生活中已岌岌可危。

好在傾聽並不是個乏味的差事，而是一場充滿奇趣的冒險。當你眞正傾聽，會發現每個人都有可觀之處，即使是看似最平凡、最蠢笨的人。非洲有個故事，說天空之神交給一隻叫做阿那希的蜘蛛一個任務，要他將全世界的智慧蒐集齊全帶回天上，如果阿那希達成使命，就賜給他「古今第一智慧」的封號。「沒問題，」阿那希回答。「我三天內就可以回來覆命。」

他將全世界的智慧蒐集儘盡，裝在一個大鍋裡。他把鍋子綁在身後，開始沿著一棵高聳入雲的椰子樹緩慢爬向天空。他獨自扛下這個重擔，拒絕了所有人的幫忙，因爲他對這個使命深感自豪，希望自己是智慧唯一的守護者。每個人都無聲無息地跟在他身後，從地面往上爬。最後，阿那希帶著全世界的智慧爬到了天空，他成功了。多大的勝利！多麼的快樂！他舉起八隻腳，做出勝利狀。糟糕！這一下他鬆了手，慘跌到地面。鍋子摔破了，智慧散成千萬個碎片，片片有趣又美麗。人人都想得到這些寶貴的碎片，爭相奪取。從那天起，智慧不再由一人獨占，人人都有一份。即使是最無知、最愚笨甚或智能不足的人，都有一份智慧。人人都有可觀之處，讓你聽來既有趣又有創意。

要解決衝突，尊重是個必要條件。爭鬥和對恃古今中外不曾或斷，無論是家庭、學校當中，還是商場、社群、人際之間。從朋友間無聊的抬槓到原子戰爭，衝突往往是時間力氣的莫大虛擲，更是無盡災難的禍因。要處理紛爭，挑釁激進、操控主導等手段往往是既粗糙又無效，而且常會造成無謂的傷害。而即使不以毀滅的方式爆發，衝突也會深埋在心底，消磨你的心力。舉個例子，美國企業界關於專業生產力的問題當中，有六成五是因爲員工間的衝突所致，而全美五百大企業的高階經理人花在解決糾紛和訴訟事務方面的時間就佔了百分之二十。

衝突的化解能夠長足改善企業的效率和勞資關係，如果在學校，對學業成績也有助益。解決紛爭的第一步，是說清楚講明白，讓雙方都有陳述立場、釐清觀點、認知對方要求的機會。這就是尊重：充分肯定自己，也肯定對方。藉由尊重和傾聽來平息紛爭，是最有效率也最優雅的方式。我不敢說這種方式一定有效，因爲不講理性、蠻勇好鬥、冥頑不靈的人所在多有。不過，它至少是個很好的起點。

綜合以上所述，一言以蔽之：尊重，就是給別人一個應有的空間。只是知易行難，我們常常做不到這一點。別的不說，好評斷人就是一個障礙。像是匆匆忙忙又有偏見的法官，我們常常驟下結論；即使一個字也沒說，對眼前的人已經心存定見：這人看來和藹可親，可是骨子裡傲慢自大；他看來像個好人，其實很不誠實；不一而足。下評斷又快又容易，不但不花一毛錢，還讓我們有不實的優越感，以為自己高人一等。而無論評斷是否正確，對人際關係都是干擾。對方會依稀嗅出蹊蹺而心情受影響，說不定還會感到受傷或冒犯。

尾隨評斷而至的，往往是想控制的慾望。我們忍不住想提出建言，告訴那人該如何管理生活、企圖拯救他脫離苦海。想想看，曾經有多少人告訴你該吃什麼食物、看什麼電影、讀什麼書、如何利用時間、什麼人可以嫁什麼人不能嫁，信仰什麼樣的神？這些忠告不只是想法的分享，更是一種壓力。它的弦外之音是：光憑你是辦不到的，你需要指導，需要改進。

神話故事中的普羅庫斯提（Procustes）之床，是個絕佳的喻象。這個可怕的人要你躺在他的床上，如果長短正好，那你很幸運，因為如果你長得太高，他就切斷你雙腳，太短就拚命拉，直到長度適當為止。拿普羅庫斯提之床的恐怖來比喻想干預別人生活的人，眞是非常貼切。普羅庫斯提的行徑我們或許做不來，可是總免不了要把別人塑造成我們期望的模樣。

要了解評斷和掌控他人生活所造成的傷害，看這個極端的例子就知道：對每個人都嚴加控制的極權政治：穿同樣的衣服，讀同樣的書，思想要一樣，一概蓄鬍或面紗遮面等純粹爲控制眾人而制定的習俗。有位羅馬尼亞音樂家告訴我，在該國專政時期，你只能彈奏古典音樂，爵士樂是萬萬不可——那是美國社會墮落的象徵。若是你膽敢和幾個朋友彈奏爵士樂自娛，接獲密報的警察會馬上趕到，逮你鋃鐺入獄。如果說音樂是靈魂的表達，那麼壓抑音樂就是靈魂的謀殺。這當然是個極端的例子，而它的發軔就是始於一個觀念：有人認爲這樣做對所有人都好。

容忍是偉大的美德。沒有容忍，世上不可能有創造力，不可能有愛，也沒有改變或成長的機會——無論是個人或社會。話說回來，我們不能過於容忍。僅舉數端，不公、不義、欺壓、暴力，非加以制止不可。邪惡要面對，不能逃避。歷史明白告訴我們，邪惡的壯大往往是縱容或忽視的結果。太過寬鬆的容忍，會讓老虎爬到你頭上。

因此，我們應該有所容忍，有所不容忍。而無論如何，給予對方空間的尊重是開啓人際關係最簡單的方法。讓別人自由做自己，不要用評斷、忠告、壓力、期望層層纏繞他們，即使這些只是我們心裡的想望。相信別人能創造自己的命運，我們照樣活得下去。沒有空間，仁慈會窒息；給它空間，它就能吸到空氣活下去。這樣的尊重不但人人心嚮往之，也是人人都學得會的。

13 彈性

順者昌，逆者亡

世事無一不變。我們的軀體會變，想法會變，情緒會變，週遭的人也是。我們的愛情、友情會變，財務、人生規劃會變。引發我們喜怒哀樂的因素會變，政治情況會變。時尚會變，氣候會變，即使變化本身也總在改變。

在瞬息萬變的宇宙間，我們很難找到一個提供永恆保護和安全的據點。要存活，唯一的方法就是順勢而爲，不斷順應往往大出我們意表的意外——適者生存是也。反過來說，在恆常變動的情境下一成不變，要不被淘汰也難。

進化史告訴我們，生物界的任何微枝末節都是適應力的謳歌。昆蟲的眼睛、熱帶鳥類的鮮亮羽毛、海豚的鰭、飛狐的骨骼、變色龍的僞裝策略、人腦的運作，在在都是順應不間斷的改變的見證。不能適應環境的動物，都會落得恐龍一般的下場。

而今，科學界和科技圈不只探研生物界能屈能伸、適應環境的特色，更試圖仿效。未來以適應光學原理研發的望遠鏡，就是一個很好的例證。地球的大氣層有如一個濾鏡，會模糊、扭曲來自太空的影像。對準遙遠星球的新型望遠鏡勢必要將大氣層因素考量在內，同時根據它的紊亂情況以每秒數百回的速率調整鏡片，鉅細靡遺地修正。如此，即使是過去對我們來說總是一團迷霧的太陽系外的星球，也能傳回清晰精準的相片。這是一個深具象徵意涵的發明：只要適應調整，我們就能看得更遠，不一定要超越障礙。

軍事策略上，誰比較靈活誰就是贏家。因此，比起西班牙無敵艦隊笨重緩慢的大帆船來，輕盈快速的英國戰艦就佔了優勢。適應力也是商場的祕密武器；在商場上拘泥守成，無異於自取挫敗。乾旱的時候賣雨傘、學校放假的時候賣教科書，永遠也發不了財。反之，敏於嗅聞源源不絕的市場需求的人，不但活得好，而且財源滾滾。

適應是一種務實的智慧。一個人懂得活在當下，敏於觀察變化的蛛絲馬跡，就有足夠的配備和柔軟去適應新環境。這樣的智慧來自一個領悟：人不可能掌控生命中的所有環節。掌握實際狀況是應該的，尤其對外科醫生、飛機駕駛或是高空鋼索特技演員。可是，要完全掌控人生是神話一則，說不定還會適得其反，因爲裡頭有太多的未知數。接受人生的意外通常比較明智。

如果我們硬是不信邪，下場會很慘。我就有過一次這樣的經驗，想要掌控一切。當時有個廣播電臺要現場訪問我，我說的一字一句都會即時在空中播出，不能修改或刪除。如此重要的電話訪問，想到小孩唱歌或大叫都可能造成干擾，我就坐立難安。所以我請訪問人打電話到我的辦公室，一個位於大樓頂層的安靜房間，遠離家中和馬路的喧囂。一到辦公室就有人告訴我，水電工正在修理大樓水管，不過我沒多想。不久，電話如約響起，訪問開始。我們談到關鍵，正探索著高深的心靈議題，不可思議的事情發生了：門鈴聲大作。我沒有約任何人見面，所以沒有理會，繼續空中的討論。可是門鈴不肯罷休，原來是水電工。他知道我在辦公室，而因爲我沒回應，於是好心地隔著緊閉的門大聲叫喊：「費魯奇先生，兩小時內不要用你的馬桶，要不然你會弄得亂七八糟。」

水電工這段有夠俗庸的插播，立刻傳到數千個正在聽我深奧說理的聽眾耳裡。當時我就領悟到，就算我再努力，我也無從掌控一切。外面的世界不可能遷就我。說得淺白點，是我必須遷就時時刻刻發生的大事小事。

因此，我們必須學著不那麼僵硬。心理治療的定義可以說是重新發現，說是彈性的學習亦無不可。我們協助的對象，是那些依然以昨日之道面對今日的人。過去曾經奏效（至少得以苟活）的策略，如今已不堪再用。例如，有人自小就受凌虐，長年活在驚恐當中，到現在依然像個擔心受怕的小孩把自己關得緊緊的，不讓別人接近。有的則學會卑躬屈膝，看到敵人就巴結討好。這樣的策略在過去或許不算失當，但如今已失去意義。危機既已過去，該是停止僞裝、開始生活的時候了。再舉一例。有的父母多年來無私無我地照顧小孩，操心健康、接送上學、傾聽孩子的夢想煩惱，全心全力爲小孩的福祉著想。等到孩子長大離家，所有的辛勞和奉獻戛然而止，他們就覺得自己像報廢的機器，被丟在角落裡腐爛生鏽。外在景物既已全非，心態是不是也該跟著改變呢？

重點在於幫助所有的人認清當下的現實。因爲現實雖然冷酷無情、防不勝防，但不失爲我們的良師。現實逕自邁步向前，不可能顧及我們的希望和夢想。如果無助於認清當前的人生，所有的夢想都是空想。

所以，彈性不只是一種成功的策略，也是心靈的特質。它意味著從依附中超脫，覺醒於當下，接受眼前的事實。生活中的變遷或許令人心煩，甚至令人駭怕：我們愛的人不再愛我們、專業能力每下愈況、身體一天天敗壞、曾經熱賣的產品不再暢銷、曾經溫暖扶持的朋友遺忘了我們、曾經興味盎然的事現在索然無味。面對不斷的變遷，道家認爲我們要如水一般善於調適，碰到石頭就繞道而行，換個形狀就能長流不止。能夠揚棄自己最鍾情的信念，就有餘力展臂接納新觀念，容忍弔詭和荒謬。這是一種創造力。這樣的心態可以是一種生活方式，甚至是心靈的谿徑。有能力擺脫舊模，就有足夠的謙卑重新形塑自己。

適應當下的現實，意指能夠接受挫折。心理學家曾經想出多種方法來測量孩童接受小小挫折的能力，例如要孩童把一顆M&M巧克力糖含在嘴裡十秒到三十秒不吃；從一堆玩具中挑選一樣，可是不准去摸；一直拉一塊板子不能放手，除非聽到口令；和另一個小孩一起用積木堆高塔，輪流堆疊但不能弄倒；打開一個要送給小孩的禮物盒，故意把包裝紙弄得沙沙作響，可是一旁的小孩只准聽不准看。根據實驗結果，以從容心態接受挫折的小孩韌性最強、最樂於與人交往，最盡責也最有意願加入新的實驗。

數年後等這些小孩長成大人，也較能接受充斥於日常中的小小不如意：找不到停車位、跟人約見面對方遲到；電腦當機；天氣太壞，旅遊取消；超級市場等著結帳的隊伍長得不像話；跟無聊的官僚系統打交道。現實不會知道你的計畫，而且總會想出新點子來激怒你。最近的一項研究指出，一個人在一天中總要遇到二十三個挫折（十年前是十三個）。你打算跟這些挫折宣戰還是隨之起舞？

能屈能伸的彈性，對人際關係有深遠的影響。或許我們生就溫暖友善，可是因爲無法適應新的事物，一旦有突發事件就意氣消沉、情緒惡劣、橫眉豎目甚或一蹶不振，哪有力氣將我們最好的一面展現於外？我們的魂像是掉了一半——另一半拿去抱怨、抵抗、和現實打仗去了。

有彈性的人比較容易相處，因爲他們能坦然接受眼前的事實。你喜歡跟哪一種人一起用餐：一個沒有明蝦或名酒就抱怨連連的饕客？還是義大利麵加豆子就吃得津津有味的同伴？什麼人是個好客人：一個會爲一夜好睡感謝你、不做特別要求、在你家自得其樂的朋友；還是一個要你從頭陪到尾、抱怨床墊太硬、還要你幫他找個懂日本郵票的專家的親戚？毫無疑問，碰到隨遇而安的人是你的福氣。

慾望和要求，是感情的絕佳考驗。如果你的要求正常合理，彼此都認同也都滿意，那很好，這樣的感情大有可爲。可是如果你提出的要求老是驚心動魄、迫在眉睫，這段感情要維繫也難。你會感覺這不是鄉間的悠閒漫步，比較像是急流泛舟。

不過要注意一點：過份而專斷的要求不能只看表面，它的背後很可能隱藏甚多。事實上，過度要求的目的常常是分散注意力，好躲開人際關係中最重要的東西：看到彼此的眞面目、溝通交流、和睦相處。很多人內心很怕親密，於是藉著不斷要求和頤指氣使，在人我之間築起高牆。我看過一則卡通，一個女人拿到訂婚戒指後，拿著放大鏡觀察上頭鑲嵌的寶石。那一刻她眼裡只有鑽石，完全把未婚夫拋在腦後。想像另一個極端，某人一無所有卻很知足：我什麼都不需要，只要跟你在一起就好。這是多大的寬慰。

除了高分貝的主動要求，沉默的被動要求在破壞方面也不遑多讓。這些要求因爲被我們視爲理所當然，因此不常刻意表露，最普遍的一種就是：「我希望你永遠不變。」一般而言，即使我們明白表示希望某人有所轉變，認知上的惰性或多或少依然存在。因此，我們依然會以同樣的認知看待這人，潛意識裡希望他或她依然一如往昔。這人的作爲只要和我們的既定印象稍有牴觸，就足以令我們惶惶不安。

沒錯，我們都期望週遭的人跟以前一樣。我們已經爲他們貼上標籤，存放在心底。身爲心理治療師，有時候我會接到客戶家屬來電抗議親人的轉變，例如女兒怎麼變得振振有辭，不再沉默乖順，或是顯露新的特質，以至於不再容易相處。這些親屬只求來診的客戶不再痛苦，以免牽連他人也痛苦，可是他們不能體會，要達到這個目的，客戶非改變不可。而一旦客戶不再符合他們心目中的印象，他們就會怒從中來。我還記得有個父親，聽到一向鬱鬱寡歡、怠惰懶散、乖順聽話的女兒決定辭去工作環遊世界去，臉上的驚疑和不屑。他的女兒有了轉變，準備迎向自己的自由，他卻緊抓著過去不放，還拿出全副槍砲準備迎戰。

這種心態誰都難免。有一天在餐館，我點了香腸披薩和一杯啤酒，一改平日的義大利麵食、蔬菜和礦泉水。你眞該看看我家人的反應。他們形容我墮落、沒有品味、是迷失的靈魂、說我將來注定會惡疾纏身——如果換成別人點這種食物，他們勢必毫無異議。這純粹是因爲他們無法忍受和他們心中形象不符的我，也無法想像我會打破這樣的框架。我們家是不是特別食古不化？未必。我們是個正常的家庭。可是，我要為自由投下一票。我的理想世界是：青少年和父母達成互惠條款，對方染髮不置一詞、願意在身體哪個部位打孔穿洞都行、喜歡穿什麼就穿什麼、錢愛怎麼花就怎麼花、喜歡吞下什麼化學藥品（噢，當然有例外）就吞，包括順應性傾向、改變個性、突然離家，跑到遙遠神祕的國度去探險。

一般來說，我們以為人越老心態就越僵硬。不過孩童也是習慣的動物，往往也痛恨改變。我想，我們應該尊重他們對於條理的需求。有一回，我想給我一年沒見的乾女兒一個驚喜。我躲在衣櫥裡，等她走進房間就跳出來嚇她。可是她只有驚沒有喜，不但嚎啕大哭，還掉頭就跑。她沒有錯，乾爸爸是不能從衣櫥裡跑出來的。小孩子需要穩固的標竿，彈性要有限度，不能太過。

成年人則另當別論。如果我們努力變得柔軟，不要期望過殷，就是給予他人空間，讓別人有做自己的自由，得以恣意表達新思維、新行為，展現不為我們所知的一面，說不定他們會因此成熟。如果你和某人墜入愛河，私心希望對方永遠不變，因為你已經習慣了那樣的他（她），那你等於在跟保單談戀愛，而非活生生的人。反之，給對方越多空間去改變、實驗、摸索，你們的戀情就越可能像一場探險，兩人都帶著好奇，盼望下一步的到來。

家庭亦然，可以僵化也可以柔軟。面對壓力、變遷、橫逆、小孩幼時或青春期的桀傲不馴，每個家庭的順應能力高低有別。研究顯示，小孩處於青春期時家人的因應越有彈性，成年後的感情路就越順遂。

如果我們能屈能伸，不但對他人的改變更能適應，也更能做到退讓，而且心平氣和、不懷忿怨。退讓誠然不易，它意味著甘拜下風，例如承認別人比我們懂得多、犯過要說對不起、承認自己的錯誤、讓路給別人。你應該有過這樣的經驗：在十字路口或巷道裡，就是沒有車子願意緩下速度讓你先走。說不定我就是一個。我開車偶爾會讓路，有時則當仁不讓，事後還會替自己找各種理由（這是我事後慢慢悟到的）。我會對自己說，當時時間太趕，或是對方超車的動作太過份，要不就是一停車讓對方先過，我後頭的車說不定就會追撞上來。可是換個立場想，你面前的車穿流不息，不但對你視若無睹，甚至加速以封住空隙，以免你乘虛而入，你會怎麼想？而若是有人停下來讓你先過，甚至帶著微笑，你又作何感受？仁慈，就是這種感覺。

開車，或許是最難做到退讓的競技場。我還記得數年前目睹過一個令人很不舒服的情景，事情發生在佛羅倫斯附近一條山徑上。小徑極爲狹窄，不可能讓兩部車錯車而過，兩個司機就這樣相持不下。通常這種情形下，總有一方會倒車讓對方通過，可是這回誰也不肯讓，甚至熄火下車吵架。兩人各執一詞，越弄越僵，浪費時間不說，還擋住道路耽誤了別人。更糟的是，他們在和自己的健康過不去。

人盡皆知，退讓是正確的抉擇、最佳的策略，儘管如此，退讓實在不容易。我們的文化獎勵自我肯定，視退讓爲軟弱、失敗。這個現象在政治辯論上極其明顯，辯論者最忌流露出無能的跡象。事實上，千方百計表現強悍的人往往最爲軟弱，有時候看來可憐復可笑。喜劇常以幽默手法突顯這個事實。我想到卓別林的影片「大獨裁者」當中很有名的一幕：希特勒和墨索里尼除了坐得比對方高之外，別無他法表現自己高對方一等，於是椅子越疊越高，最後兩個人的頭都碰到了天花板。

彈性最好的一面，也是和仁慈關聯最深的一面，或許就是「隨時有空」這個面向。關於這種特質，有人異常充沛，有人幾近於零，直如天壤之別。有些人永遠隱身在答錄機、冷漠的助理、候客室、長龍和候補名單的背後，其中一些或許眞是重要人物，等待自是無可厚非，不過我懷疑那些煙幕常常是個佈景，目的是讓你覺得他們無暇若此，一定比你重要得多。我曾經去找一位作家經紀人，希望他能處理我一本著作。他的祕書裝模作樣了好一陣，這才囑我把詳細自傳寄去，幾個月後她老闆說不定會首肯約我見面。「首肯」這兩個字聽來實在太像施惠，所以我就算了。這樣更好。我現在的經紀人永遠有空，只要提到要賣我的書，她立刻火力十足。

隨時有空當然很累，同時因爲門戶大開，閒雜人等難免潛入，消耗我們精力，浪費我們時間。不過，只要多一點仁慈和條理，你就可以讓人覺得備受歡迎。我看過不少醫生，總要你在人滿爲患的候診室枯候多時。週遭盡是愁眉苦臉的病患，有的劇咳不止，有的哀鳴不已，等到終於輪到你，你已經病得更重，等不及要奪門而出。我也見過一些人，只要你有需要，他們總是隨時在側或是欣欣然跑來跟你見面。我認識佛羅倫斯一位小提琴師傅，她製作的小提琴品質超絕，遠近馳名，全世界好幾位一流小提琴家都是愛用者。可是當我把兒子的小提琴拿去修理，她立刻放下手邊工作，幾分鐘就搞定。另一例是個完全不同的專業領域。我認識一個人，開了一家名爲「閃電」（相信我，那是老闆的本名）的百葉窗公司。一次我打電話去，是祕書接的。我詳細說明狀況，問他能不能過來修理，心想答案很可能是「過幾天」。這時我聽到那位祕書說：「他已經上路了。」

這就是我所謂的「隨時有空」。

14 記憶

你有沒有忘記什麼人？

你走在街上，突然遇到一個二十年不見的舊識。你並不知道這些年來，她曾經歷盡滄桑。在你腦中，她依舊是多年前的模樣。你心裡的她一如往昔，就像是記憶博物館中的一尊蠟像。措手不及地，她出現在你面前。恐怖電影一般，她彷彿一下就老了。多麼不可思議。就像是有人轉動了時光機器的柄把，多少年一晃眼就過去。生命以如此唐突的方式當頭給我們棒喝，告訴我們時光飛逝，人事全非。

就這樣，一個秋日早晨，我遇到我從前的英文老師。許多年前，她曾在我生命中佔有一席之地。我每個星期都要和她見面，上幾堂枯燥乏味的英文課。後來我搬家，就此失去聯絡。現在，毫無預警地，我和她在市場上不期而遇。我先認出她來。她更白也更胖了，不過我認爲她老得很優雅。我告訴她我的近況，也問及她的。她臉色一黯，說道：「我編到W就停了。」一開始我沒聽懂，接著我驀然憶起，老師當時正和師丈一起編寫一本義英辭典。他們沿用老方法，一次編一個字母，是藝師打造藝品的風格。例如，有好一段時間他們完全沉浸於A裡，那段時間內，只有開頭是A的辭彙才重要，然後是B，以此類推。我最後一次看到老師的時候，這個計畫才剛起步。

她對我述說她的人生。編到D的時候，師丈身體開始出現衰退徵兆，不過他們沒有太在意。等到I，師丈時而清醒時而迷糊，病魔已在不知不覺中侵占大片城池。L是生死關頭。那段期間，他們還出了一場車禍。P是一段悲觀和健康惡化的時期，師丈不得不住進醫院。S充滿痛苦和悲傷。隨著字母往下走，事情每下愈況，如此延續到W。辭典的編寫越拖越慢，隨著師丈的過世畫下句點。老師沒有力氣再繼續。工作戛然而止，未完成的辭典就此束之高閣。

我覺得這種以字母來回憶人生階段的方式頗爲奇特。不過其實我不該驚訝，因爲在每個人心底，都會將生命中的重大里程碑和某些思維及感情扣連在一起。不過最令我驚異的，是我這位老師的痛苦持續了這麼多年，我卻懵然不知。我埋首前行，爲添增新的人生閱歷奔忙，卻將她遺忘在身後。這段期間她受盡折磨。她帶著受創的靈魂、痛苦的腳步，緩慢地行過辭典的書頁，最後依然孤獨以終。

是的，人們依然存在，即使我們不再想到他們。他們繼續受苦、工作、享受、生病、痊癒、死去。這是個無可否認的明顯事實。可是，我們眞的這麼相信嗎？對我們自戀的心靈來說，別人只有在我們見到、摸到、聽到或是想到的時候才存在。

而當多年後重逢，我們訝異地發現，歲月竟把他們也催老了。或許我們會因爲忘了他們而感到內疚。從A到W，我的英文老師歷經巨大的起伏跌宕，我則隨著生活載浮載沉，走到了一個不同的方向。我不可能抹去她受過的苦，可是，偶爾一通電話或是上門去看看她，說不定我可以減輕她幾分痛楚，讓她感到自己並不孤單，世上還有人記得她。可是事實不是這樣。

我們生命中有很多人似乎慢慢被淘汰了。曾有一段時間他們很有用，我們因此深受他們的吸引和鼓舞。隨著重要性漸失，這些人也被我們忘懷。而這個時代的主流心態——

步調快速、感覺膚淺、產品必須保證滿意——對這樣的過程有如推波助瀾。我們居住的現在，是個和過去或未來都沒有連結的現在。這個充斥著消費主義的現在，不斷追求新產品，也不斷拋棄舊東西。

這是用過即丟的風格：不再需要的，棄之如敝屣。這話聽來或許有點憤世嫉俗，然而這種心態也逐漸擴散到人類身上，只是沒有那麼突顯。我們對某人一旦失去興趣，隨即拋諸腦後。這些人常常是老人，但也可能是任何年紀的人。這種思維鮮少表露於外，可是大家心照不宣：我們如此匆忙，馬不停蹄，無法一一做到曾有的承諾，也不可能花時間陪那些以我們忙碌的角度看似乎並不相干的人。就像快車道上的汽車，我們加速前進，把開得慢的車拋在身後。然而我們也可能是開得慢的車，看著別人呼嘯而過，一下子消失在遠處。

老年人的地位很明顯。如果你去阿拉斯加，你會發現在那種傳統生活下，愛斯基摩因努伊特族的老人備受尊敬，因爲他們知道如何在冰上挖洞釣魚，如何生存。去奈及利亞的部落看看，你會知道年老是榮耀，因爲唯有老人才有權利替你療傷，提供建言。在傳統印度，老年是專注於心靈生活的生命階段，超越了世俗的雄心壯志和成見觀念。西方則大不相同。老年人常被忘懷，他們失去了重要性和活力，也在我們的記憶中消退，從真實世界中淡出。最糟的是，老人被視爲是累贅。有一回我問我授課的團體，他們想到「老年」的時候腦海中立刻想到什麼。最普遍的答案是：「阿茲海默症」、「衰弱」、「功能失禁」、「老態龍鍾」和「棺材」。

拿「記憶」這個字當比喻，是我們這個時代的另一個標記。你該聽說過，某些質料可以保持一個特定的形狀，這就是它的「記憶」。我西裝褲的質料「記得」它正確的摺線，會把不對的摺線「忘掉」。電腦也有記憶，所以我們孜孜矻矻，不斷將資料數據儲存起來，以免電腦突然患了失憶症。我的稅務會計師每天下班一定會把所有的資料儲存在他的辦公室。那是他生計之所繫。我聽說有個人的電腦突然將所有的交易記憶一筆勾銷，包括地址、帳戶、生意往來狀況等等。那人沮喪到一病不起，不久就過世了。

我們有時也會覺得自己像個故障的電腦，記不起電話號碼和人名的時候不禁憂心忡忡。可是，那是眞實的記憶嗎？依我之見，非也。記憶的精髓不在於資料的儲存，而是我們的感情以及我們賦予記憶的意義：因爲我們記得，關係才能鮮活。童年的玩伴、生離死別的痛苦、和某個不凡人物的會面、一個美妙的九月午後，這些都是我個人歷史中的要素，不僅僅是我儲存在某個檔案中的項目而已。透過我的記憶，我構築起我的人生，建立起我的定位。我之所以爲我，是因爲我記得過往的境遇、見過的人、犯過的錯、享受過的勝利。我記得，所以我存在。

記得就是生，忘懷就是死。如果某人已告別人間，可是依然活在我們的記憶裡，他便是栩栩如生，有時還會驀然出現眼前。一個我母親認識的女人，有一回在我母親過世多年後，說起她生前的幾樁軼事。那些事我都不知道。母親在她急需幫助時伸出援手，對她述說心事，也對她提過我。聽著聽著，母親宛如就在眼前。有人過世的時候，回憶那人一生的小故事和與她相聚的時光，或許最能紓解愛她的人的痛苦。我們將死者的靈魂儲存在記憶裡，藉由回憶，我們有如打敗了無可規避的死亡，贏得一回合的小小勝利。

不過，忘懷往往比較容易。我們忘記的遠比記取的多。人的記憶具有頑強的選擇性；我們會記得對我們有用處的人，其他就任由風飄。我們可以在記憶檔案中任意尋索，可是總有許多人從來就沒再被取出過。由此，我們可以看出自己對他人的一個往往隱而不顯的基本態度，說得坦白些，就是把人分爲A等B等。那些舉足輕重、頗有用處、令人愉快、對我們有所助益的人屬於A等。而即使我們不願承認，B等人勢必也存在——那些對我們沒什麼用或是想到就不舒服的人。將這種態度的邏輯發揮到極致，是一種難以言傳的暴力。對某人視而不見、拋諸腦後是看不見的暴力。雖然沒有拳打腳踢，不用槍砲攻擊，它依然是暴力，因為它將那人推進了孤單寂寞和不聞不問的冷宮裡。

幸好，還有另一種看待他人的方法：認為每個人都同等重要。諾曼・卡辛斯（Norman Cousins）寫過一本極好的書，其中談到他去見史懷哲的經過。他帶了一封信面交給史懷哲。那封信是一個小孩寫的，請教音樂方面的問題。史懷哲讀完信，兩人便開始討論好幾個大題目，世界和平、美蘇關係、原子武器、醫藥巫術、飛彈、治療、人際關係，無一不是牽動全世界的課題。安排這場會面，原本就是希望對紓解世界緊張局勢以及方興未艾的低盪氛圍有實質效果。最後，史懷哲從普世課題回到個人。他記起那個小孩，寫了一封信回他。對他來說，那小孩的重要性不亞於甘迺迪和赫魯雪夫。以這樣的觀點，沒有人會被遺漏。每個人都是重要的。

想到自己被忘懷是因為自己無足輕重，不免令人驚慌失措。這有如被社會放逐。當我們被記得、被珍惜、被納入考量，就像一般人一樣，我們會感到自己的價值。不過，記憶對那些記得他人的人也有助益。活著卻事事遺忘，或是活著卻不知來歷過去是生命的重大斲傷，因爲你完全不知道自己是誰。瑪拉尼（D. Marani）的小說《新芬蘭文法》（*New Finnish Grammar*）當中，有個人頭顱幾乎被打碎了一半，被發現後送到醫院。傷是治好了，可是他喪失了記憶，不但不知自己是誰，連說什麼語言都忘了。那人沒有身份，後來從幾個線索中發現，他有可能是個芬蘭人，所以他重頭開始學芬蘭文，想要重建身份。那是一段漫長艱辛的過程，他有如在黑暗中摸索，因爲他的記憶永遠喪失了。最後小說主角無意中發現，線索被解讀錯誤，那人根本不是芬蘭人。可是爲時已晚。那人已投身芬蘭軍隊，爲一個並非他祖國的國家而戰。而他依然不知道自己是誰。

這個故事可以借來比喻我們失去的記憶，因爲每個人或多或少都是健忘的。在這個瞬息萬變的年代，我們很難記住所有的事情。我們不斷被新的刺激吸引，「現在」每天都被重新創造——事件、人物、時尚、觀念、建築、地方、物品。每樣東西都如曇花一現，即生即死。改變的步調如此快速，要和生命中出現的人不失聯誠非易事。大家各走各的路，生活方式遠比往昔複雜多樣。更大的危機是：雖然我們自己的歷史不斷延續，卻跟自己失去了聯繫。於是我們試圖爲自己尋找一個身份，就像小說裡的男人。可是那是假象，一個不堪一擊的定位。最後，我們連自己是誰都不知道了。

有些藥方可以治療一二。我從事心理治療工作，在和客戶初見面時，我會請他們寫下自傳。自傳中的記憶往往只是片段，卻承載著被淡忘的感情、怨恨和他們不願回首的傷痛。潛意識是很固執的。憑著一點一滴，一個人會慢慢回想起自己的過去，因爲每個人的生命都是一篇章章相連的記述，雖然我們可能將它視爲是一堆雜亂無章的未竟事件的組合。我們可以一點一滴地跟自己和解，悟到是過去的歷史塑造了今天的我，也成就了我們的能與不能。我們的記憶、學到的教訓、闖過的難關、一路上的成功失敗、結識過的人，在在都是我們生命的部分，都有助於認識自己。

我有個客戶，希望藉由重建童年來探索自我的定位。她生長在奧地利的一個山區小鎮，兩歲起就被父母留給一群修女照顧，日子過得艱苦。四十歲的時候，我的客戶回到她只有浮光掠影記憶的小鎮，找到了曾經照顧過她、如今散居在附近城鎮的三位修女——當初有四位，不過一位已經過世。藉由照片的輔助，她在腦中重建起那段歲月。修女依然清楚記得她。那是一次非常動人的重逢。經過這次探索，我的客戶覺得自己不一樣了。她為自己的人生填補了斷層，生活得以繼續。她感覺自己更強韌，也更眞實了。

專家常說「記憶如自傳」（autobiographical memory）。他們相信，每個人都在不斷改寫自己的歷史，也就是根據我們對自己多多少少越來越完整的形象重新評估自己。記憶更是一種社交膠黏劑。對某一段過往歲月有共同記憶的人，我們總會感覺特別親切。一如前章所言，身在當下是必要的，而保有記憶也同等必要。

一旦和自己的過去取得聯繫、與一路行來的顚簸握手言和，我們會覺得腳下站得更穩。反過來說，無論是和過去決裂而活在失憶的狀態下，或是過去有如沉沉重負壓迫或毒害著我們，日子恐怕都不好過。我們的過去，是人生旅程中必須攜帶的行李。我們走向不可知的未來，或許美麗或許危險，任何事都有可能發生。我們的行李也許盡是無用又厚重的東西，不但拖慢腳步，也讓我們每走幾步就得停下來喘口氣。也或許我們什麼也不帶，既不知前路也不知去路，連吃的喝的也一概闕如。而我們也可以輕車簡從，只帶著裝有食物、飲水、睡袋、詳盡地圖、旅行筆記、指南針等必需品的輕便背包上路。

有些記憶永遠擦不掉。最舉足輕重的或許就是我們最初始的過去，即使我們已淡忘，它依舊銘印在記憶的細胞裡。一個人最初的人際關係通常是和母親的親情互動。母親是我們生存的保障，她保護、照顧我們。你跟母親的親子關係是什麼模樣呢？我們很多人格面向都要視這個異常重要的關係而定，而且它能決定我們自己和兒女的互動。假設你眼前有一對夫妻，他們即將有個小孩，而你想知道這對父母和小孩會建立起什麼樣的關係。什麼是這個尚待成形的關係的最佳指標呢？某種測驗的反應？做個人格總檢驗？這對父母的人生觀或宗教信仰？夫妻之間的互動情況？都不是。最重要也最關鍵的指標因素其實是：這兩個準爸媽和他們親生父母的關係。曾經出現在他們生命中的親子情境，很可能會在他們小孩的生命中重現。

現在，我們來看另一種人生情境：瀕死經驗。過去是我們的一部分，這就是一個奇特的例證。很多曾在死亡邊緣掙扎的人在回返人世後，對於這段經驗的描述竟然有出奇的雷同。很多人記得看到自己的一生在瞬間流過眼前，要不就是穿過一個黑暗的隧道，走向一道神聖美麗的白光。很多人還記得見到先他們辭世的至親好友來迎接，給予幫助、引導和安慰。在那樣的時刻，我們需要的就是這些。多麼大的感動與寬慰。

那些靈魂眞是曾與我們生離死別過的親友嗎？抑或只是人類生理機制的緊急反應，腦中湧出腦內啡（endorphins，腦內具有鎮痛作用的氨基酸），藉由這些有益的化學反應和令人寬心的影像，好讓我們熬過極端的壓力？就本書目的而言，答案無關緊要，因爲無論是或不是都無損於一個重點：曾經屬於我們歷史的人是我們的一部份。我們需要他們陪在身旁扶持，才能感覺堅強而完整。

因此，不管願不願意，我們的世界觀、我們的細胞、我們的定位當中，有些人永遠栩栩如生地活著。當然也有不太重要的人，至少表面如此。可是，即使不是舉足輕重的人也曾參與我們的歷史，塑造了現在的我們。就像一棵大樹的根，即使是最細最遠的根也是根。

認識了自己的根，我們會變得不同，會感到更眞實。很多人對家族歷史饒有興趣，這個事實突顯出一種害怕無根的恐懼，深恐自己腳下是一片空無。而比追本溯源更重要的，是重新發現自己和曾在我們人生路途中同行的人之間有些什麼樣的關聯。

每個爲人父母者都知道。小孩生命中的里程碑：跌撞學步、生日慶祝、學校戲劇演出、某個假期，當父母的總希望照個相或是錄下當時的景象。小孩也老是要求爸媽和親友講述自己的童年往事，彷彿永遠聽不夠。他們對自己過去的模樣、做過的事情極爲好奇，喜歡聽到這些記憶不斷播放。這是因為他們需要拼湊成一個故事——自己的故事——，才能成為一個完整的人。父母為子女照相或是述說童年故事似乎是普世現象，自動自發有如本能，一如餵養小孩、保護小孩。保存記憶有助於小孩確定自己的定位，並且從中得到力量。如果你知道自己從哪裡來，要決定往哪裡去就比較容易。

記憶也具有社會意涵。跟隨著某個民族的記憶都有專屬的地域和景觀，而不只是古代社會，每個人都是這樣。節慶、儀式、音樂、歌謠、民俗故事、風土人情，也莫不如此。這些都是值得保存的傳統遺產。語言亦然，它是人類智能的傑作，千百年來無數的個人對它都有過貢獻。至於和文化有著最直接關聯的飲食，更包含了數也數不清的情感。飲食和語言一樣，都是緩慢演化的結果，最好吃的菜餚歷經多少變化和實驗還是會永久留存。某種食物入口之際，你和某種人生感受和生活滋味就產生了聯繫。

然而，醜陋的新建築常常扭曲了景觀，傳統音樂、民間故事、風俗傳統日漸湮沒；語言變得貧瘠；傳統吃食被大量製造、難以歸類的菜餚所取代。這些固然有益於獲利和效率，卻造出一個毫無特色的冷漠世界，一個還沒誕生就已死去的現在。這是現今世界的一大問題。

這讓我想起一樁小事。有一天，一個女孩在佛羅倫斯市中心衝著我問：「喂，你，麥當勞在哪裡？」她後頭跟著一群小鬼頭，個個像她一樣，餓得好像非啃點東西不可——而且要快。那一瞬間，我體會到保存過去的重要。如果我們繼續過這樣的生活，對先輩的言行典範視若無睹，對他們受過的苦、胼手胝足創造的事物，甚或飲食方式都視而不見，那是多麼深的大不敬。相形之下，那些費心努力將祖先最有創意、最美麗的遺產保存下來的人，做的是一樁仁慈的大功德。那幾個餓扁的小鬼想一舉抹煞這一切，只想狼吞虎嚥吃下一盤大量製造、毫無個人特色的食物。休想。噢，小姐，我忘了麥當勞的位置，不過我知道有個地方，義大利麵做得好極了。

而仁慈和記憶之間有什麼關聯呢？一個小小實驗可見端倪。想出幾位在你人生旅程中已經失去蹤影的人，而且不是那麼重要的人。注意你在憶起他們的那一刻，你的反應是什麼。是感激、怨恨、內疚、快樂、憐憫，還是漠不關心？你會知道他們在你生命當中佔有多大的份量。

如果我們把不再有用的人都拋到九霄雲外，我們不可能仁慈。如果我們把人分爲A等B等，我們永遠不會完整，永遠不會心安，無論是對自己還是他人。我們必須深自體會，一個人的過去、現在、未來和他人的生命互爲交織，所以彼此都是對方的一部分，我們既是自己，也是別人。如此我們才可能了解，人我是如此地相連相繫。

15 忠誠

不要亂了頭緒

不過數年前，義大利南部發生過一起大地震，無數的房屋被震成碎瓦。爲求近利而粗製濫造的建築，震動初起就崩塌殆盡，歸於塵土。反觀風行於十一、十二世紀的諾曼式建築雖然建造於八百年前，命卻好得多。當初這些爲了持久也爲了提供安全舒適的居住空間而建的屋宅，地震過後依然屹立，安然無恙。

人際關係也像這樣。純粹爲了個人利益而存在的關係，諸如金錢、享樂、社交人脈、名聲威望，基礎甚是薄弱，唯有在原始動機存活的時候才得苟延殘喘。也有些關係長命而健康，就像諾曼式房宅，因爲在建造之初就以持續久遠爲念，也因爲建造者並不急功近利。因此，當震動一起——財務危機、疾病、挫敗、困難時刻——，依然四平八穩，屹立不搖，甚至比從前更爲堅定。這種關係中最舉足輕重的因素，絕不是從對方身上求取實質利益，而是一種歷久彌堅的深厚情誼：無論發生什麼事，有人始終陪在你身邊給予支持協助，即使這樣做可能損及他自己的利益。這人堅持做對的事。仁慈的重要元素之一，就是即使在橫逆困境中依然堅定不渝。這種能力叫做忠誠。

我們且想像一個人，她和自己的感情和記憶完全契合無間。她對自己的想法和原則並不盲目接受、照章全收，而是在一點一滴收集之後，經過省思後的理性抉擇。她深知生命中什麼最重要，因此奮力爭取，不惜代價。她以勇氣面對挫折和痛苦。這樣的人最有條件成爲一個忠誠的人。她是個有實質的人。

事實上，世界上並無所謂沒有實質的人，只是很多人對自己心底的價值觀不是渾然不知，就是不懂得肯定或尊重。這是因爲他們受過傷，所以寧可淺淺地活著，以免再受重創。無論對時尚或環境，這些人總是三心兩意，朝秦暮楚。他們的人際關係因爲以私人利害作爲主要基礎，所以壽命甚短。這些人是投機主義者。

這樣的態度無關好壞，只有強與弱的分野。某些人堅守誠信原則，對他們來說，忠誠信實是天經地義的事。他們對自己的感受、需求和信念瞭若指掌。他們的忠誠根植在肥沃的土壤裡，靠著清楚的信念和強韌的內在力量茁壯成長。

至於不忠誠的人，想到正視自己的感覺就害怕。他們不敢去看，怕自己會承受不住。他們也怕有自己的想法，唯恐暴露了太多的自己。他們的自尊如此之低，以至於活得像乞丐，只會這裡求一些，那裡討一點。他們欠缺安全感和個性，要這種人忠誠確是強人所難。

缺乏冒險和忠於承諾的力量，我們就是淺淺的活著，生活紛亂，麻木不仁。但丁的《神曲》描述地獄中一群卑怯的人，這些人生前優柔寡斷、無法忠於任何理想或任何人，如今被罰永遠跟在某個旗幟後面奔跑。這幅插圖中的懲罰象徵了他們生前應該做到的事：眞正忠於自己。這樣的人不計其數，而但丁甚至對做錯事的罪人還多點尊敬，因爲那些人起碼還忠於自己某些想法。這些卑怯的人當中也包括天使——當魔鬼犯了傲慢的罪起而對抗上帝時，他們並沒有堅定立場。這些都是缺乏信念、沒有實質的生靈，而且爲數眾多。但丁認爲，這樣的人充斥著整個世界。

每個人都喜歡和忠誠的人在一起，可是我們對這種特質聽聞得不多。在所有的人格特質中，忠誠是最不時髦的一個。雖然探索「品牌忠誠」的研究成篇累牘，卻沒有半個探索忠誠。這個現象本身就是這個時代的病徵，值得深究。

「品牌忠誠」的意思，是指消費者傾向於使用同一個品牌的產品。「忠誠」這個詞彙用得非常貼切，因爲我們對商品越來越像用情。我們都看過對照相機狂熱有加、一提到喜歡的車型就興奮莫名、不穿名牌設計師的服飾就活不下去的人。商品的品質好壞還在其次，品牌才是關鍵，因爲它代表了一種存在方式，一種風格。或許它還代表了某種門檻，表示你屬於某個群體。

除此之外，品牌有一種魔力，照映出若干人人渴慕的東西。買這種皮鞋，你就像腳底插了翅膀。喝這種酒，你會感覺尊貴無比。擦這種香水，你就擁有女神般的美貌。我們不難想見，賣產品的廠商爲什麼要千方百計爭取我們的忠誠，爲得到它而極盡能事。有了忠誠，消費者會不斷掏錢送上門來，不會落入競爭對手的口袋。和消費者之間的連結越持久，忠誠度就越強。要培養品牌忠誠，必須早早開始；善用技巧將它灌輸到小孩的腦子裡，等小孩長大就會變成常態。

品牌忠誠絕對不是一個浮淺的現象。我相信，它是基於人類一種迫切的需求：信任某人或某樣東西、去愛也被愛、希冀穩定、保護、歸屬和意義。這就是爲什麼我們會愛上某個廠牌，因而任由商家擺佈。這就是爲什麼我們汲汲於累積點數，身穿有商標顯示的上衣、名錶、帽子，免費替廠商打廣告。這也是爲什麼我們在感情滿足和實用利益之間，會捨後者而取前者。因爲，人人都有忠誠的需求。

這股需求爲什麼這樣殷切？答案很簡單，因爲延續久遠的穩定感情已經成了稀世珍品。我們活在一個分心的年代，也是干擾的年代。外界的誘惑不斷招手，我們的思緒也不斷從一樣東西換到另一樣。電視遙控器和電話，或許最能象徵這樣的年代。遙控器讓我們在各種主題間跳來跳去，從愛情故事到慘烈戰事到尿布廣告，不費吹灰之力。而電話，尤其是手機，魔力大到足以打斷任何活動，不管你正在雲雨巫山、聽音樂會、家庭聚餐、宗教儀式，它冷靜無比，又厚顏之至：「我不管你在做什麼，快來聽我。」不只如此。電話對話正在進行，突然被插撥打斷，於是你去接另一個電話，然後選一個你比較喜歡的對話繼續。義大利有個推廣插撥服務的廣告很有名。一個女孩同時跟兩個男孩調情——那兩個男孩都以爲自己是女孩唯一的情人。要代表不忠誠，這是個絕佳的意象。那女孩並不討喜，因爲她虛情假義。可是她也讓人莞爾又心癢難耐，因爲像她那樣淺淺的活著，萬一被拒或是情傷，至少還有其他選擇。

分心的結果是不斷的失落。「我們剛才在談什麼？我忘了。反正也沒什麼要緊。我已經亂了頭緒，乾脆換個話題吧。」就這樣，干擾抹煞了人際互動，將它化爲微不足道的小事。我甘擾你，就把你下拉到我的水準，讓你我可以相提並論。干擾或許從來就有，可是現代日增一日的膚淺風氣、日新月異的科技、各個領域的高速行進，已經大大增長了它的氣勢。依我之見，干擾年代的發軔，其實是從柯立芝（**Samuel Taylor Coleridge**，**1772-1834**，英國詩人）寫《忽必烈汗》這首長詩開始。當時他正文思泉湧，磅礡的景象和詩意的想像不斷在眼前浮現，不意一個生意上的朋友不約而至。這個凡世俗人闖進了詩的世界，離開後柯立芝已失去頭緒，始終也沒完成當初的構思。兩百年後，何內．道摩（**René Daumal**）臥病在床，巨著《類化體山峰》（*Mount Analogue*）就快完成。在這本小說中，攀登高山是個譬喻，象徵心靈的節節高昇。主人翁剛到達頂峰，正待尋得完全的開悟，這時有人敲門，杜莫的思緒被打斷，不久便與世長辭，終究沒寫完那本書。

確實，我們活在一個處處分心、遍地干擾的時代。這也是個忠誠的需求無法在人際關係上找到宣洩出口的時代，只好任由商業機制扭曲和擺佈。在這樣的生活方式下，歷久彌堅的感情岌岌可危。我們失去了頭緒。

忠誠則反是。它是「隨侍在側」，是永遠找得到頭緒，不讓分心或干擾牽著我們的生活走。忠誠是尊重最重要的事情，即使橫逆在前也堅持不渝。我認識一個作家，對我說了這個奇特的故事。他遇到一位科學家，一個文化涵養豐富、智能活力充沛的人。兩人正談著話，話題廣博而深具啓發，卻被一場突如其來的暴風雨打斷。對話戛然而止，兩人分別以最快速度鑽進兩部計程車。五年後，他們不期而遇，那位科學家不先招呼問候，逕自從五年前中斷的地方接下去談，重新拾起當年對話的頭緒。忠誠、信實也是一樣：不但要用腦，也要用心。

再舉一例。我記得我小時候，曾經隨家人去美國。五十年代的當時，我們只能搭船。我和家人只去五個月，不過同行的還有一群打算永久移民國外的人。當時幾個大陸之間的交通並不頻繁，船票又貴，去美國可是一樁非比尋常的大事。船舶解纜拔錨，緩慢移向外海，碼頭上一個樂隊吹奏著令人心碎的歌曲。從船上我們可以看見那些移民的家人在岸上揮別，他們知道今日一別，多年不能相見，說不定一輩子也難再見。我永遠忘不了他們的臉。可是在那無盡的悲傷裡，你看得到莫大的力量。雖然我沒有證據，但我相信那些移民一定會讓親情延續久遠。我敢保證二、三十年後，即使經過無數的風浪掏洗，他們的親情依然不會改變。

有分別就有重逢。幾年前報上有一則很不尋常的新聞：一群經過篩選的北韓人在經過五十年的分離後，得以再見家人。他們的兒女、父母、叔伯、甥侄、嬸姨，因爲南北韓分裂而被迫分別了半個世紀，如今獲准在一個大房間裡會面數小時。那些照片，張張流露出至爲濃烈的感情，比任何研究說得更多——當然也哭得更多。它們說得清清楚楚：最深的感情會停駐在心底，終生不移，無從壓抑，也無從忽視。

讓我們回到先前那個問號：忠誠的需求何以如此殷切，即使在分心年代依然讓我們孜孜追尋？一個可能的答案是：忠誠的源頭要追溯到古早的出生之前。忠誠和一個人的親子互動有關，尤其與母親之間。母親和我們的關係不同於一般。懷胎十月，母親是眞正孕育我們的人。她養育、護衛、栽培我們，也是世界上第一個愛我們的人——至少理當如此，而我們通常也視之爲天經地義。這樣的關係是（至少應該是）一種最純淨的忠誠——不求利益回報、終生支持無悔，也不是因爲我們的才華或天賦。所有的母親都愛自己的小孩，無分美醜、強健病弱、愚笨聰明——至少我們都有這樣的期望，也需要母親這麼做。這是流動在我們血液中的需求。付出忠誠、接受忠誠，早已寫進我們的生命程式裡。

而每個人都知道，這樣的希望遲早會被戳滅，即使不是由母親，也會由日後的他人：朋友、愛人、配偶、兒女。我們知道，感情世界瞬息萬變，今天還熱情如火，可能明天就變得冷若冰霜甚或嫌棄厭惡。波斯詩人阿塔（Farid al-Din Attar, 1119-1193）的長詩《鳥兒的聚會》（*The Conference of the Birds*）中說了一個故事。一個美麗但陰沉的公主在路上看到一個貧窮的年輕人，睡臥在路邊一塊岩石上。公主喜歡上他，命令下人將他帶回宮殿。公主的侍女將年輕人從街上帶回宮，爲他沐浴、以寶貴的精油按摩後，讓他穿上最好的絲綢衣服，最後把依然驚訝不已的他帶到公主面前。兩人一同進餐，那些食物對一向窮困的年輕人來說不啻是天賜福佑。之後兩人纏綿歡好，過了銷魂的一夜。後來公主厭膩了，趁年輕人熟睡，命令宮女將他帶回他當初睡臥的岩石上。可憐的年輕人一覺醒來，對前一夜天堂般的快樂依然記憶猶新。他有如從一個絕妙美夢甦醒過來，一下子跌入粗糙的日常現實。公主已經忘了他，也或許公主根本不曾存在過。然而，他的皮膚上還留著精油的餘香。

公主的故事可以用來象徵上帝的恩寵。上帝的福賜往往令人始料未及，等你驀然領悟，它已消失無蹤，留下錯愕的我們置身於對比之下殘酷無情的現實。可是這個故事也是個提醒，告訴我們人際關係是詭譎多變的。忠誠沒有保證，失望是注定的結局。在這個「分心年代」，忠誠更是稀有珍品。就是這個原因，一旦尋得了忠誠，我們自然倍覺珍貴。

除了從母親的親情裡，我們最可能尋得忠誠的地方就是友情。哈姆雷特的好友何瑞修對他說：「將我留在你心裡。」（Hold me in the heart）曾經針對這個主題寫過一本好書的史都華．密勒（Stuart Miller）認爲，這句話是友情最好的定義。將一個朋友留在心裡，不涉判斷，一無所求，只因爲我們關愛這人，想知道他的想法和意見。我們還知道，他也願意傾聽我們、了解我們，站在我們身邊。友誼縱使有其他的促成因素，精髓一定在於忠誠。

人盡皆知，友誼有療傷的效果，也有重生的作用。需要科學研究證明嗎？信手拈來就有數例。某個研究要求幾個鬱鬱寡歡的女人一星期一次去找朋友訴說心事，代替治療課程。結果大部分的女人都不藥而癒，比率和每週上一次治療課程的控制組不相上下。另一個研究指出，孩童在學校的適應程度及學業成績和友誼息息相關，點出了友情的珍貴。更有多項研究顯示，友誼對一般人的健康幸福普遍重要。太好了。可是即使拋開這些研究不談，每個人都知道，找到一個朋友不啻是發現一個寶藏。

和忠誠攜手並肩的的還有可靠和信實。這些特質都是同一陣線的盟友，情眞意摯，始終如一。職場上講求的是可靠與否，你不可能在這裡找到血濃於水的親情或是知己般的情誼。然而，可靠依然是個非常可取的特質。我們一生中都做過可靠和不可靠的事，想到這個，我腦海裡立刻出現兩個這樣的情境。一次在我生涯之初，說好要爲某機構主持一個爲期五天的研習營。我還沒開始就累壞了，所以在研習營的前一天，我決定打電話取消。電話沒人接，我對答錄機留了話，接著就把這件事拋到九霄雲外。當時我專業經驗不足，並不知道自己闖了大禍。雖然當時我寬恕了自己，可是即使到今天，一想到這件事我就覺得心不安。

至於那件可靠的事，發生在佛羅倫斯一場冰天凍地的風雪中。我那天有課要上，可是整個城因為那場暴風雪而動彈不得。每當佛羅倫斯下雪，幾乎諸事停擺，可是這回情況更糟得多，不但冷得像北極，大家出不了門，大眾交通停駛，連馬路也無法開車。我決定無論如何都要去上課。我冒著風雪走路去，花了兩個鐘頭才到達會場，對著屈指可數的觀眾授課。如今回想，我很高興我去了。我知道我做了正確的事，而我喜歡這樣的自己。

這就是忠誠。它首要的原則是：忠於自己。可靠是一種內發性最強的凝聚力。信實是忠於你自己的感覺。當我們可靠又忠誠，這股基本的誠信能讓自己油然生出一種幸福感。而當我們不可靠、不忠誠，當前或許有利可圖，可是遲早會有一股罪惡感，覺得自己有如人格分裂。我們在前面幾章看過，不原諒別人的人健康較差，說謊的人身心都有壓力。同樣的道理，食言而肥、背信忘義、佔人便宜，這樣的行徑在還沒傷害到別人之前就先傷了自己。

忠誠是一種強烈的價值觀，如果我們對它不夠尊重，很可能會自陷於絕境。沒有忠誠，我們縱使有百般的計畫、發明、洞見，最後不是胎死腹中就是自織羅網。傳統猶太教神祕主義教派有個故事。兩個朋友是莫逆之交，其中一人患了重病，自知來日無多。

他的朋友悲傷欲絕，他卻平靜地接受了這個事實。他執起朋友的手說道：「人無法戰勝死亡。不過你不要害怕，我會回來見證我們的友誼，對你述說我走過的旅程，告訴你我愛你。我不會離開你。」年輕人說完就斷了氣。天堂大門在他眼前一扇扇洞開，一個接一個，他悟得了一切眞理。他了悟到人生的意義，來到一個時空限制俱不存在的地方。他置身於永恆，可是覺得有點不對，就這麼一轉念，突然間他又成了時間空間的囚徒。他沮喪莫名，卻不知原因。有人告訴他，他之所以碰到這個難關，是因爲他沒有信守對朋友的承諾，沒有回返人間述說他的旅程。他可以有所補救，托夢對朋友說話。可是經過了這麼久，他的朋友覺得被遺棄，早已失去了信心。他的朋友變得憤世嫉俗，根本不相信自己的夢境。死去的年輕人還有個救贖的辦法。他設法登上了最高境界的「眞理殿堂」，然後回到朋友身邊。他述說各種神奇景象，在朋友臉頰上留下天堂之吻。那位朋友接受了福佑，終於見證了生命，也重新找回了信心。

朋友的忠誠爲什麼能爲我們帶來力量和希望？因爲從忠誠當中，看得出一個人眞正的價值所在。在患難中忠誠依舊，不但能表露我們的深情，也突顯出我們的實質。一切順利的時候，要忠誠要信實都很容易，可是當你面對的人很難纏、很乏味、毫無利益可圖，而你又有其他要事待辦、其他趣事可做的時候，若是你忠誠依舊，實質自然昭顯。這時候，你內在的本質才會被看見。

有時候，忠誠一望即知；一張美麗的臉、一種態度、一個字、一句話。有時候，忠誠則有待時間考驗才能見眞章。但無論是什麼樣的忠誠，都爲仁慈注入了實質和力量。在當今這個如此分心又漫不經心的世界裡，忠誠的價值無可比擬。

16 感恩

最容易的快樂之道

很久很久以前，有個人很討厭自己的工作。

他是個石匠，爲一份微薄的薪資從早辛苦到晚。「這種生活太可怕了，」他想。「噢，眞希望我有很多錢，可以整天無所事事。」他的願望越來越強烈，最後居然實現了。他聽到一個聲音在耳邊說：「你想變成什麼，就會變成什麼。」石匠變得非常富有，過去夢寐以求的東西立刻到手：華屋、美食，享盡各種歡娛。

他很快樂，直到有一天，他看到一個國王被隨從前呼後擁地經過。他想：「他的權力比我大。要是我能像他一樣就好了！」那個聲音再度在他耳邊響起，神蹟一般，他立刻變成了國王，全世界最有權力的人。權力的滋味多令人陶醉！人人服從他，人人懼怕他。他快樂了一陣，不過並不長。邪惡的不知足一點一滴地再度蠶食了他。我還要更多，他想。我要，我要，我要。他看到天上的太陽，心想：「太陽的權力比我還大。我要變成太陽！」

他如願變成了太陽，巨大、強壯、光芒四射。他統治天與地，沒有他什麼東西都活不了。多麼快樂！他覺得自己無比重要。可是他注意到，他的視線被腳下的雲朵擋住，無法看到陸地的景物。雲朵輕飄飄的，來去自如。它不是天空中一個固定的形體，它可以變化無窮，夕陽映照下更散發出燦爛奪目的色彩。雲朵無憂無慮，自由自在，多麼令人羨慕。

他沒有羨慕太久，因爲那聲音再度響起：「你想變成什麼，就會變成什麼。」他果眞變成了雲朵，懸掛在天際、柔軟蓬鬆、來去自由，好不愜意。它快樂而恣意地變換形狀，忽而厚重烏黑，忽而明亮潔白，忽而如刺繡般細緻。可是，雲朵終會凝聚成雨滴，落在一塊花崗岩石上。

多麼不可思議！那塊石頭佇立在那裡已經數千年，小雨滴打在它上面立刻迸濺流入土壤，被吸收後永遠消失。當一塊石頭眞好，他想。

他馬上就成了石頭。他當石頭當了好一段時間，樂在其中。他終於找到了穩固，找到了安全感。畢竟，我追求的就是安全穩固，誰也別想移動我分毫，他想。雨點打在石頭上，從邊緣順流而下。多麼美妙的訊息，多好的禮物。太陽的光芒擁抱他、溫暖他，天上星斗照看他，微風令他心曠神怡。他已經臻於圓滿境界。

噢，還差一點。有一天，他看到一個男人身影從地平線出現，越走越近。那人微彎著腰，手上拿著一根大榔頭——是個石匠。石匠開始在他身上敲打。他心底湧出絕望，比身上的痛還難受。石匠比他還厲害，能決定他的命運。「如果我是石匠就好了，」他想。

就這樣，他再度變回了石匠。換過這麼多心嚮往之的身份，他又回到原點。可是，這一次他很快樂。切割石頭在他眼裡成了樂趣，榔頭的敲打聲有如天籟，一日的辛勞爲他帶來美好創作的滿足感。那天晚上，他夢到一個用他的石頭建造的華美教堂。沒有比當個石匠更好的事了。他知道自己會將這個奇妙的領悟銘記在心，永誌不忘。這就是感恩。

從永不饜足的不滿（「我要這個，我要那個」）到知足感恩（「我對目前所擁有的滿懷感激」），故事中的石匠打心底有了轉變。一開始他充滿矛盾，渴望自己沒有的東西。他不斷提出要求，還覺得理直氣壯。我們也是一樣，有時候會提出熱切甚至傲慢的要求，等目標到手，又開始渴羨其他的東西。別人都是競爭對手，我們看他們的目光總是帶著猜疑。

幡然憬悟後，我們對於上天的賜予衷心感激，覺得身體每個細胞都在言謝。生命有了價值，別人是朋友而非對手，我們畢生等待的就是這一刻。威廉·布雷克（William Blake，1757-1827，英國詩人及雕刻家）說得好：「感激本身就是天堂。」

濃烈而無雜質的感恩之情，令我們深深悸動。可是，澎湃的情感只是感恩最顯見的一面。感恩其實是一種心態，它的基礎在於生命價值的肯定。當初看似毫無價值的東西現在有了意義，是這樣的體會釋放了我們的情感。

肯定自己擁有的東西有價值，你會感到富有、幸運。反之，你會覺得自己一窮二白，因而懣悶不樂。石匠最初的心態尋常可見：被不滿咬齧，一整天不是怨天就是尤人。有些心理學者認爲，沮喪並非際遇使然，而是日復一日的自我強化所致，也就是你對自己的內心獨白。一個人不斷自憐自艾、批評自己也批評他人、只挑不如意的地方看，當然不可能快樂。

即使是微不足道的事也能看出價值來，這是快樂（至少是幸福感受）的必要條件。有些人好像什麼都有，可是依然不知足，這是因爲他們不覺得自己擁有的東西有什麼價值，一心只想需索更多，或是愛鑽牛角尖，盡想些不如意的事。反觀一些不幸的人，對於很多人視爲理所當然的簡單小事卻能心存感恩：健康的身體、順利的一天、一個微笑。

日常生活中，感恩的機會隨時隨地可能浮現，只是我們常常失之交臂。這是因爲我們必須卸下防備才能心懷感恩，而這是個涉有風險的兩難。這是把自尊拋在一邊，承認我們的快樂其實要仰賴他人。很多人不喜歡依賴人的感覺。我認識一個人，要他收受禮物簡直是天方夜譚。無論什麼人送他禮物，書也好、領帶也好，他都留下不拿走，唯恐欠債似的。這樣的人不但無福享受那本書或領帶的快樂，也難敞懷接納別人。

感恩，是打開自己讓別人看清楚。我記得好幾年前，一個澳洲朋友正在歐洲旅遊，順道來看我和內人。我們決定帶她前往達文西的故鄉一遊。就這樣，一個明媚的九月午後，我們在橄欖樹林間，緬懷一位不世出的天才。那天傍晚臨別之際，朋友以簡簡單單的兩個字向我們道別：「謝謝。」我們其實沒有多費力氣——這樣做我們很快樂，而她也非常盡興，覺得那天很有價值。爾後數年，我們又見過好幾次面，而每當我想到她，我就會憶起那一天，那充滿感激的一刻。為什麼？因爲當我們心存感激，我們會心防盡卸，展露出眞正的自己。在那一刻，我看到她最精緻的一面。

感恩就定義來看，和英雄行徑正好相反。它的基礎不是勇氣、力氣或才華，而是自己的不足。坦然面對自己的不足，就能感受到生命的恩賜，感恩之情於焉而生。感恩還會衍生出一股如釋重負之感，這是因爲我們認知到：我們不必孤軍奮鬥、不必像超人般拚命，而且即使聰明才智不如別人，也可以安於做自己。

且慢。難道我對任何人都要感恩，包括深夜把音量開到最大的鄰居、亂開罰單的警察、隨地吐口香糖黏了別人一腳的行人？要是我兒子嗑藥、我生意倒閉、至愛的人罹患絕症，我還應該感恩嗎？（我們說到核心了。）我們該如何看待生活中如影隨形的奸惡情事？對於那些看似遙遠其實近在身旁而又揮之不去的悲劇——受虐兒童、受難的政治犯、無止盡的戰爭、飢渴的難民、讓地球蒙羞、遍地哀鴻的醜行，我們又該如何因應？

感恩的意思並不是沉浸在一己的快樂裡，將他人拋諸腦後。這不是感恩，而是消費主義和虛幻或膚淺的樂觀主義。這個世界是邪惡的，因此你與眾人休戚與共，這樣的體悟才是眞正的感恩。這是個奇怪的事實：如果一切順遂、事事如意，我們會將所有的美事視爲理所當然，無從領會生命的賜與。我們會像被寵壞的小孩，收了太多禮物而收到生厭。確實，有時候打開我們眼睛而知所感恩的，反而是人生的巨變。

多麼弔詭：大病一場，才了解健康的可貴；爭吵後握手言和，友情更加醇厚；生死關頭之際，才開始熱愛生命。放大格局亦然。一項網路研究請四千八百一十七個受試者爲自己的個性特質打分數。和九一一事件發生前比較，研究者發現恐怖攻擊兩個月後的回覆於以下七種面向都有增加之勢：感恩、希望、仁慈、愛心、重視心靈、團隊合作、領導統馭。事件十個月後再測，分數依然居高不下，只是程度稍減。我們當然不希望這種慘事發生在任何人身上，不過有時候驚嚇確實能喚醒蟄伏已久的寶貴人性。

幸好，感恩還有比較容易的途徑——只要擦亮眼睛，我們就能在層層掩隱的生活當中找到被遺忘或是習而不察的珍寶。那些珍寶都是生命的賜與，或平凡或特殊，卻常因我們沒時間或沒注意而沒看出來。注意到這些寶貝，我們的生活會添增快樂，一旦分心，就會錯失許多。

我十一歲的兒子艾密利歐用自己的儲蓄買了一套必須自行組裝的模型飛機。他打開包裝後又驚訝又難過——包裝盒非常漂亮，裡頭卻令人失望。品質低劣不說，說明書也語焉不詳，整套玩具看來有如騙局。艾密利歐很傷心。我了解他的心情；他跟我一樣，最氣買到劣等貨。我想安慰他，但不知怎麼做才好。我該把他花的錢還給他，還是為他另外買一套更好的模型飛機？我猶豫不決，乾脆什麼也不做。艾密利歐把那套飛機棄置在屋角。幾天後，他的朋友安卓亞來家裡玩，看到那套飛機。「哇！好漂亮的飛機！好酷的顏色！老天，你眞幸運！你怎麼還沒開始拼裝？」我仔細端詳艾密利歐的臉。我可以看到他腦中的小車輪在滾動，他的感恩指數開始飆升。兩個男生立刻動起手來。品質不佳無所謂，沒有說明書照樣可以合作。幾分鐘後，兩人已經在花園玩起飛機了。先前有如騙局的東西，現在變成了寶貝。我們對於自己的小飛機，難道不能也這麼做嗎？

當然可以。而且，你會發現自己的健康和效率會因為感恩而雙雙高揚。最近有項研究，將受試者隨機分成三組，第一組鉅細靡遺地記下一週內所有的不如意、紛擾和挫折；第二組只記錄重要大事；第三組則記下生活中值得感恩的五件事，如此這般，連續十週。結果發現，記錄感恩事件的受試者對生活普遍滿意，他們不但對未來前景最樂觀、身體最健康，還相信自己進步最多，最接近一己的目標。看來感恩不但是快樂的因子，也是健康和效率的基本元素。

對於這樣的結果，我們應該不意外。感恩的人對人際關係抱持正面態度，內心有一股豐足感，兩者都是良好健康的基石。來進行心理治療的客戶只要心生感恩，我就知道他（她）痊癒了。對我來說，要知道一個人健全與否，這是最確鑿的指標。心存感恩，表示這人與他人溝通無礙，既不妄自尊大（知道自己需要別人），也不妄自菲薄（欣然接受他人善意，不覺得受之有愧）。感恩，表示他（她）能看出自己處境的價值，肯定生命的美好。人生至此，夫復何求？

不帶感恩的仁慈不但危險，或許更如緣木求魚。有人不懂得如何領受仁慈，對別人的賜與也不知感激，這樣的人即使想行善也難。他們自認爲是大慈善家，每個人都虧欠他，說不定還會把自己的善行掛在嘴邊，指望別人感激涕零。這樣的行善有如紆尊降貴。這種人也不容易肯定看似微不足道的小恩小惠，例如一個微笑、半小時的陪伴、一句機智雋語。他們只注重可以測量的實體禮物，例如名錶、名筆。而仁慈在資產負債表上是列不出來的。

感恩容易被遺忘，也容易被激發。這是個耐人尋味的實驗：請想想你一生中所有可以感恩的人。當然，我是指犖犖大者。這個實驗的弔詭之處，在於我們覺得應該感恩的人往往也是我們心懷怨恨的人，例如父母。感恩之心往往被怨恨所遮蔽，而這個實驗的重點，是將大小忿怨包好整個拋諸腦後，只專注於好的層面——不管多麼微小。

因此，且讓我們好好想想，一生中有多少值得感恩的人。父母、朋友、老師、情人，外加一般而言讓我們生活更好過的人：每天送信來的郵差、說了個好笑話的計程車司機。更有一些人——爲數勢必不少，遠比我們想像的多——爲我們做了若干好事，而我們說不定還渾然不覺。

只要仔細思索，我們會有始料未及的豐富發現：人生是由大大小小的恩惠組合而成，不光是粗糙的現實和傲慢無知。沒錯，每個人身上都帶著不公不義的傷痕和忿怨。那種滋味我們太清楚了。就是因爲創痛如此顯見，我們因而忘了人我是環環相扣的共生體，即使是自以爲最不幸、最孤單的人。沒有旁人的扶持，任誰都活不下去。

當我思及這一生應該感恩的人，我有個耐人尋味的發現。我慢慢領悟到，我擁有的一切無一不是來自他人。父母一直給我的支持。妻兒為我帶來親情之愛和無限的驚喜。老師傳授我必要的工作技能，給予我觀念和諸多啓發。朋友幫我建立自信，同事教我專業訣竅。其他的人讓我打開眼睛，看到我甚少察覺的世界，告訴我關心別人的重要。這才是開始。當我一步步想下去，我更慢慢體會到，我的一切全都得自於他人，要不就是拜他人激發之賜，包括財產、能力、特質、品德、觀念。

聚沙成塔一般，我體認到我住家的每一塊磚瓦都是別人的賜與，而我自己的磚瓦，對其他的住屋也有一份貢獻。那麼，我的感受如何？自尊受損？自給自足不靠人的哲學受到威脅？我欠所有人的債？一點也不。正好相反，我對自己和他人的影像有了改變。我們自小所受的教育讓我們相信，每個人都有一條涇渭分明的邊界，想要有所進益和成就，只能自己咬緊牙根，埋頭苦幹。這是西方文化。有些人甚至相信，我們對任何人都一無虧欠。我們總以為自己在打撞球：自成一國的個體身旁圍繞著其他自成一國的個體。

可是，這是不實的影像。我們其實更像細胞，具有一層可以滲透的薄膜，靠著和其他細胞不斷交換養分才能存活。感恩，就是如實地照見自己。借方貸方的觀念屬於會計範疇，也屬於撞球心理，而在眞實的人生中，交換不但持續不斷，同時決定了我們的爲人和生活方式。這樣的想法讓我們覺得輕鬆；感恩不再是特殊情事，而是一種基本的情感。如果不知感恩代表了冷漠、封閉、疏遠，那麼感恩就是溫暖、開放、親密。我們不必爲了證明自己有多聰明而備受焦慮煎熬，不必投入腥風血雨的戰事，企圖爭取空中樓閣般的勝利。生活變得容易許多，我們不再哀鳴、抱怨。我們會發現，快樂早已存在。它就在你我眼前，只是沒有被察覺。

17 服務

大好良機

我站在吧臺旁，等我的卡布奇諾。我身邊是個漂亮女孩，也點了一杯卡布奇諾。她一頭紅髮、面有雀斑，顯然是個外國人。吧臺服務生是個年輕人，滿頭鬈曲的黑髮。他若無其事地將咖啡在她眼前放下。好可愛的浮沫，正中央還有個用奶油擠出來的漂亮心形。我瞄瞄那女孩，注意到她的驚喜。她還不習慣收到一顆心當早餐。而吧臺那個小夥子一個字也沒吭，甚至沒看她一眼。我的卡布奇諾接踵而至——沒有心，光是一杯尋常無奇的陽春咖啡。我那杯是純粹的飲品，沒有愛的訊息。

我必須承認，我心頭對這兩人閃過一絲妒意。不過這不是重點，重要的是他們內心的私密世界。我不知道這段小插曲的續集如何，只能臆測。比較憤世嫉俗的假設是：那個吧臺服務生只要看到漂亮女孩就會來這麼一招，一天總要耍上好幾回，遲早會擄獲某人的芳心。而那位紅髮女孩早已習慣男人的巴結，根本沒把那杯咖啡當回事。不過，我其實不相信事情會這樣發展。我寧可相信女孩離開酒吧後，帶著飛揚的心情循著觀光路線遊覽，雖然那條路線對本市絡繹不絕的遊客來說太一視同仁而且有夠冷漠。或許那天她看到了很多美景，因此更加快樂。可能性無窮無盡，而這一切都是因爲那股情愫傳到了她身上——藉由那杯無可名狀的卡布奇諾。

或許那位紅髮女孩會記得這件小事，而且多年不忘，因爲當某人以他特有的方式對我們施以仁慈，我們很可能會念念不忘，甚至記個一生一世。舉個例子，我小的時候，母親和阿姨曾經帶姊姊和我不辭千里，乘坐火車穿越美國。當時那樣的旅行很不容易。對我們這些初履斯地的外國人來說，美國這塊土地不但陌生，甚至有點危險（至少我們這麼覺得），而我們又不懂英語。我們必須在芝加哥換車，到了芝城後，才發現兩列火車分屬不同的兩家公司，而且上下車的車站還不一樣。人生地不熟的我們，只有一個鐘頭的時間換車。

那一次的換車經驗成了一場非比尋常的探險之旅（我們正好趕上），而永遠深印在我記憶中的那一幕發生在電梯裡。那電梯吱吱嘎嘎、搖搖晃晃，速度慢得好像永遠也下不了樓。一對女人、一對小孩，我們四個茫然又害怕。這時候我記得好幾個人開口對我們說話，語氣充滿歡迎，還告訴我們怎麼走、怎麼做。有些人只對我們小孩說話，其中一人甚至不知從哪裡變出一個布娃娃，塞進我姊姊懷裡。那趟電梯之旅猶如進入另一個次元旅遊，幾個不期而遇的陌生人在那裡為我們帶來平靜，遠離時刻表和匆忙的心情。事隔多年，那段記憶依然令我回味再三，心懷感恩。

在你我腦海中，這樣的故事一定非常之多。而這些故事最吸引我的地方，是人人都有能力讓別人開懷，而且方式林林總總、不計其數。幾個信手拈來的例子：

- 一個朋友說了個笑話，振奮你萎頓的精神。
- 你正需要時間和安靜，一個仁慈的朋友主動說要幫你帶小孩、清掃房子、準備晚餐。

- 你牙齒痛得要命，牙醫三兩下就幫你解決了，而且過程完全不痛。
- 有人深深了解你，願意聽你傾吐心聲，你覺得非常寧和。
- 某位老師或心靈導師激發出你從來不知道自己具備的能力。
- 一本書爲你開啓了新的視野。
- 音樂會上，美妙的旋律令你深受感動，也受到感化。

枚不勝舉。每個人都能爲他人帶來些許好處、輕鬆、歡笑、希望、幸福，甚或巨大的喜悅，讓他人智能增益、心靈成長，而且方式或明顯或隱晦，或微小或巨大，或經常持久或偶一爲之，或浮淺或深刻，不一而足。在這個自私自利、鉤心鬥角的世界裡，這樣的人我關係並不是天使行徑般的特例。它尋常可見，往往是日常互動的一部分。這就是服務，仁慈的基石。

令人欣慰的是，服務也可以在小事上，即使是芝麻瑣事：替人開門、給予溫暖肯定、公車上讓座。希伯來有個故事，說的是一個名叫雷柏·納川姆的人。他是個自私的商人，滿腦子只知賺錢，總想著如何坑人。一天晚上，他乘坐馬車回家，半途看到路邊一個可憐的農夫馬車陷入了泥沼裡。農夫拚命推，可是憑他一人之力，無法將四輪深陷泥濘當中的馬車推回路上。農夫穿著最好的衣服，正打算去參加安息禮拜，可是因爲移動不了馬車，又疲累又喪氣。雷柏・納川姆下車幫忙推車，合兩人之力，馬車輕易就移動了。兩人正待道別，雷柏・納川姆注意到農夫的衣服上有一小塊泥巴，他想也沒想就揚手把泥巴撣掉。「現在，你可以去參加安息日了，」說完隨即離去。事後，他又回到原來的生活。

許多年後，雷柏・納川姆死了，來到上帝的審判庭前。控訴天使和辯護天使各據一方，分庭抗禮。控訴天使檢視雷柏・納川姆的一生，發現他的罪惡罄竹難書。他這一輩子只知聚斂財富，從來不顧妻子家人死活；他濫用權力、不知誠實爲何物、不曾爲社群做過任何事，也沒有半個朋友。控訴天使把這些全放在善惡磅秤上，磅秤立刻大大傾斜於惡的那方。辯護天使不知如何是好。他左看又看，發現雷柏・納川姆一生什麼好事也沒做過，既沒說過一句好話，也從無悲憫之心。突然間，他看到了一個仁慈的舉動：幫忙推馬車。情急之下，他把整個馬車都堆上了善惡磅秤。平衡點搖擺不定，眼看就快平衡了，突然又向惡的那方偏傾。辯護天使不知所措，終於看到一個早被遺忘、微乎其微的仁慈舉動。他把雷柏．納川姆從農夫衣服上撣去的那一小塊泥巴往磅秤善的一端一放，奇蹟出現了：指標移動，雷柏．納川姆得救了。你永遠不知道，小小的服務會結出多大的果實。

想到服務，很容易讓人聯想到犧牲奉獻，因為服務既耗精神又費時間。其實正好反是，服務不只對受者有利，對施者也有益。藉由系統的研究和嚴謹的科學方法，商業界已經發現這個顯見的事實，而越來越多的研究顯示，服務是很好的生意眼，只要善待顧客，他們再度光臨的機率會增加，反之則減。你可曾有過這樣的經驗：在餐館枯候，等到海枯石爛也沒人來招呼？去商店買東西，店員一副管你死活的模樣？買的東西金玉其外敗絮其中，簡直和垃圾無異？尊重客戶，企業其實獲益無窮。尊重肩負雙重任務，一是減少「恐怖分子」，也就是對服務不滿因此不但不再上門還四處說你壞話的顧客。研究發現，不滿意的顧客會把惡劣的購物經驗平均告訴十九個人。另一個任務則是增加「熱心門徒」，也就是對服務滿意，不但經常光顧還會免費幫你宣傳的人。要讓顧客再度上門，效果最大的因素包括：

- 說話算話。
- 彈性處理不尋常的要求。
- 對需要幫忙的客人不吝協助。
- 友善溫暖，讓顧客安心自在。
- 誠實，絕不說謊。
- 表現仁慈，對待客户尊重有禮。

當然，爲了讓顧客再度上門而善待顧客，這並不是無私忘我的仁慈，只是深諳生意之道。但我相信，即使是帶著私心的仁慈也比漠然的無禮行徑要好。我還相信，爲了諸多好處而假裝仁慈的人，最後終會變得眞正仁慈。

不過，就像天下所有的好事，隨服務而至的磨難和不堪也不在少數，最常見的一種就是索取代價。有些人會將做過的善行貼上價格，寄來帳單要你付錢，即使事過多年。在我心理治療的工作當中，客戶對父母常有微辭，而其中一種永遠名列前茅。猜猜看，是來自父母的壓力？虐待？漠視？羞辱？還是威脅？這些當然所在多有，可是那些子女最大的抱怨，是父母老把自己爲他們做的一切掛在嘴邊。聽到一大串自己欠下的恩惠、犧牲和努力，確實是難以忍受的折磨。話說回來，父母希望子女別把自己的養育之恩視爲理所當然，這其實自然不過。當父母不容易，無薪無酬、難受肯定，到頭來子女還常常不知感激。可是，爲什麼這些子女反應如此激烈？因爲曾經是無私的奉獻，如今變成了索取回報的工具。如此一來，過去所有的好都煙消雲散，一筆勾銷。這就像是你以爲自己不斷收到的免費禮物是出於仁慈，後來卻驀然驚覺，原來你得付出代價。又像激情做愛之後，發現對方原來以此爲業，正等著你付帳。自動自發的禮物一旦變成了預算項目，當初的美好頓時化爲烏有。

現在，我們來想像一個相反的情境。某人幫助了你，或許是因爲忙著到處行善，那人不但沒有提醒你，對自己的善行甚至絕口不提。這人沒把自己看得太重，心情既無任重道遠的沉重，個性也不嚴肅，甚至頗爲幽默。你雖受人恩澤，可是因爲沒人天天對你耳提面命，你反而更能安於接受恩惠，既無欠債的愧疚心理，更無須防衛自己。也或許你根本沒注意到別人爲你做了什麼，即使對方很努力、很投入甚至冒著風險。這固然遺憾，可是沒人抓著你的脖子要你付錢，所以你內心海闊天空，說不定在遙遠的未來，某一天你會突然悟到這個恩惠，感激之心油然而生。

服務還可能引發另一個問題：某些人企圖將它轉化為一個炫耀聰明才智的機會。服務的基本精神是忘我無私，可是這樣的人卻把自己擺中間，視囊括他人的感激為己任。這就好比你走進一座房宅，四壁貼滿獎狀、證照、屋主和諸多名人的合照，書櫃盡是善本書、珍藏版，舉凡能夠炫示文化、突顯主人尊貴和偉大的東西應有盡有，不由得你不嘆服。可是，你覺得自己的心靈得到提升、滋潤還是更豐富了嗎？門兒都沒有。

無論是什麼樣的人際關係，拿房子來比喻都很貼切。現在，請把那棟斧鑿斑斑又自我標榜的房宅換掉，想像一個陰森、毫不友善的地方。小心！那邊有根生鏽的釘子，地板也鬆脫了一塊，可別傷到自己。牆上的畫慘不忍睹，椅子沒一個坐著舒服，好幾個房間禁止進入。再想像一個氣壓低到令人喘不過氣來的房子，灰塵、凌亂、絕望處處充斥，你走到哪裡都覺得被排斥。當然，也有很多快樂的房子，溫馨的氣氛讓你一進門就輕鬆自在。主人端出食物飲料，舉目可見各種吸引人的有趣擺設——書本、照片、小小的雕像。在這裡，你覺得自己是個受歡迎的客人。

家就像人一樣，服務也是，不管你做了什麼，重點在於你的本質。有些人光是露個面就能讓大家開心快樂、更貼近自我，有時候甚至更具智能啓發。我高中的時候，曾經被一位很棒的哲學老師教過。他幾乎從不照表上課。他瞧不起那些只懂得死記硬背的學生，對於有創意見解的人則是讚美有加。對他來說，感動人心、有潛移默化功能的課外書和雜誌比教科書有趣得多。他談時事、政治、現代思潮，也談他當自由鬥士的個人往事。在他的課堂上，學生永遠是聚精會神。

他的課對我影響深遠。他教會我用自己的腦筋思考。這就像是我先前一直住在一座豪宅的小閣樓上，驀然發現整個宅邸都是我的，所有的房間都可以長驅直入。先前我對別人的想法總是照章全收，就像放在桌上的飯菜，有什麼就吃什麼，而幾乎是一夕之間，我發現自己竟然有獨立思考的能力。

我的創新思考或許和某些權威專家有所牴觸，但不失爲一份上好的禮物。它的發生與其說是拜這位老師某些特殊的教誨所賜，不如說是因爲他所傳導的心智活力所致。二次大戰期間，他加入義大利反抗軍，對抗納粹和法西斯主義。他唾棄任何形式的權威和獨裁。他對民族自主的熱情和思想自由的嚮往，讓他不只一次差點賠上性命。凡此種種都成了他人格的一部份。或許連他自己都沒察覺，他身上散發的這些特質，感染了周遭的每一個人。

從他身上，我們可以看到一個根本的事實：我們是什麼模樣，就會傳導出什麼樣的氣質，而我們當前的模樣，端賴過去我們對自己的經營。我的哲學老師之所以能傳導自由的熱情和充沛的心智活力，是因爲他已經營多年，也因爲他爲保存、顧全這些價值觀，甘冒性命危險也在所不惜。這些價值觀如果對他不是那麼重要，他不可能將那種精神傳導出去。

我們且一步步檢視這個過程。

一、生活中無論什麼時候，提供幫助和服務的機會比比皆是，我們只要睜大眼睛就好：輔導小孩功課、指點路人方向、爲哀鳴不已的自然生態紓解苦痛，照顧奄奄一息、沒人記得的老人家。

二、如果我們對這些需要幫助的人相應不理，很可能會良心不安。而爲做出回應，我們就得培養自身的能力，才能滿足需求。輔導孩童需要耐心，保育大自然需要正確的知識，要找到在生死邊緣掙扎的孤單老人，我們得有門路。即使是指引路人方向，你總得知道路怎麼走。

三、爲了有所效用，我們必須發現、培養各種能力和知識，這個過程可能要花費一生一世，許多潛力因而得到激發。例如，我們不只要知道路怎麼走，還要有即使趕時間也願意停下腳步的仁慈、詳細解釋的耐心、清楚表達的能力。我們拿得出來的，都是努力的成果。舉例來說，我打算做一場演講，爲了讓觀眾有所收穫，我得先針對主題做一番研究，自問哪些材料能引起觀眾興趣，還要加上自己的想法。除此之外，我還必須克服我對公眾演說的恐懼、營造激勵人心的和善氣氛、培養和聽眾互動的能力。

再如，我的職業需要我照顧不久於人世的病人，那麼我或多或少必須克服自己對死亡的焦慮。我必須學著即使在想逃開的時候依然堅守崗位、接受病痛最令人不忍的結果、坦然面對密切的肢體接觸。這整個過程改變了我、豐富了我，也讓我和自己的能力更貼近。

四、提供有用的服務，事後得到報償，帶著他人的感激和敬佩，心滿意足地回家去——事情往往沒那麼如意。天下多少父母爲子女做牛做馬，子女長大後卻不聞不問甚至施以惡待。漫長的等待、乏味的工作、不知感激甚至仇視的目光，對許多義工來說是家常便飯。醫生、老師、護士、商人貢獻畢生服務眾生，眾生卻將他們的服務和犧牲視爲天經地義，不但頤指氣使，還動不動就上法院遞告狀。廚師花好數個鐘頭準備美味的餐點，食客卻狼吞虎嚥幾分鐘就解決，半句讚美也沒有。

這是對我們的試探，也是服務決定性的階段。如果我們眞正的目的是獲得敬佩和肯定、表示自己是個大好人、累積行善紀錄，那我們遲早會放棄。反之，如果我們的動機是幫助他人療傷、快樂、尋得自我，而且我們深諳讓對方成長進步的技巧，我們會堅持下去。服務有助於淨化動機，而一旦動機變得無私，我們會更自在。

這是服務的先後次序，而一個顯見的事實是：無論是施者或受者，都能蒙受服務之利。爲達到目的，施者勢必要有所進益，學會慮及他人而非只顧自己。在學習的過程中，他會發現自己行爲的價值，進而增加自尊，爲生命尋得意義，和他人產生關聯。當然，挫折失敗在所難免，對方甚至不知感激，可是只要動機經得起考驗，他反而更爲堅強。

服務他人能激發我們最好的一面，而即使是尋常生活當中，這種情形也屢見不鮮。我家附近有個聲名狼藉的鄰居，我和他算是點頭之交。那人是個約莫三十歲的大塊頭，長得很像猩猩。他常常陰著一張臉在附近走來走去，光是那樣就足以令人不寒而慄。我聽說他犯過法坐過牢，大家避之唯恐不及，看他的眼光總帶著驚疑。有一天，我正趕赴一個約會，剛出門輪胎就爆了。我拿出千斤頂，發現它也壞了。我愁眉苦臉地站在路邊，心中焦急萬分，正好這人開車經過。他主動說要幫忙，我猶豫片刻，決定接受。幾分鐘不到，他就把我的輪胎換好了，而令我驚訝的是，他似乎完全變了一個人。才不過幾秒鐘，一個和社會格格不入的危險人物變成了面帶微笑的仁慈典範。要引發他最好的一面不必多，只要讓他感覺自己有用就好，而他最好的那面是什麼模樣，或許從來沒人知道，包括他自己。

很多研究顯示，爲他人服務可以產生諸多正面效應。舉例來說，心臟病患就獲益甚多，因爲服務可以驅走兩大殺手：沮喪和孤單。研究發現，從越南戰場歸來的老兵當中，個性樂於助人的較少罹患戰後症候群——一種糾纏病人多年不放的憂鬱症。另一個研究指出，一群志願者曾經義務參加一項涉有風險的生化研究，二十年後的自尊指數依然高於一般。還有一個有關義工的研究，測度的是個人幸福感受的六個層面：快樂、生活滿意度、自尊、左右自我人生的能力、生理健康、不懷憂喪志。結果發現，當過義工的人在這六個指標上都有升高之勢。

不過，服務最重要的效應還是內心的重大蛻變，遠遠超越了這些實質利益和統計數字。服務變成一種基本心態，除了敏於察覺他人的需求和疑難，還要毫不猶豫地伸出援手，無論大事小事。舉個例子。那時候我還住在城裡，有一天門鈴想了，我開門一看，是一個陌生的老人家。他劈頭就說：「你的車燈沒關。」

「謝謝。可是你怎麼知道那是我的車，還知道我住在這裡？」

原來他從窗戶往車內張望，看到我座位上有一封信，上頭有我的名字和地址。我不禁想像，若是我置身於那個場景——路經某地，看到一輛停妥的車沒關車燈——，我會怎麼做。我是繼續開，心想幸好不是我，還是跟那位老人家一樣，費點工夫想點辦法？我悟到，這是生活給我的機會，我怎麼做端賴我的選擇。明天還會有其他的機會出現：陪伴一個孤單的朋友、替家人煮一頓晚餐、安慰一個受驚的小孩。到時候我會準備好。

這樣的基本心態讓我們或多或少昇華了自己。我們的需求、憂慮、怨懟，一時都被拋到九霄雲外。我們會暫時忘卻煩憂，因為別處還有工作要做。就是這股自我昇華的能力令我們受益，將我們從自我的牢獄中解放出來。我們所有的希望和苦難往往會讓我們作繭自縛，把自己關進自我的牢獄裡。無論夢想多麼有趣，到頭來總會令人畫地自限。如果這個牢獄充滿了夢魘和醜陋的回憶，我們遲早會抓狂。這時候，我們發現了一根鑰匙：關照他人、對他人的困難心生悲憫、願意伸出援手。有了這根鑰匙，我們得以奔向自由。

不過，走向服務還有更多的絆腳石，例如，服務的觀念和某種普遍心態正好背道而馳。不少人認為，我們無論做什麼都無濟於事。活在這樣一個不公不義的世界裡，權力濫用、惡疾充斥、不快樂的人無所不在，無論我們如何努力，徒然是杯水車薪，甚或毫無效用。不管喜不喜歡，我們都必須承認：我們力不從心。確實，服務遲早會讓我們面對這個問號：我們到底有沒有能力影響他人？我們能增益他人的生活嗎？還是面對他人的困境，我們只能束手無策？

或許我們應該用一個更深入的角度來思考。我們居住的世界互動微妙，事情發展往往詭譎難測。佛陀說過一個故事。一隻鸚鵡想拯救被大火所困的森林動物。鸚鵡潛入水裡，然後飛到火場上空猛拍翅膀，希望身上的水滴能將大火撲滅。牠跟我們一樣，都知道憑身上的那幾滴水，救不了這個世界。火勢越燒越猛，無情地威脅著動物的生命，嚇壞了的動物驚叫著四處奔逃。渾身是灰的鸚鵡因爲不斷來回奔忙，終至筋疲力盡。我們也一樣，有時候發現問題棘手極難以解決，不免感到力不從心。可是鸚鵡依然奮力不懈。牠的誠心善意和英雄行徑終於讓向來對世間疾苦漠不關心的天上諸神感動落淚。天神的眼淚落在地球上變成雨水，這場天降的甘霖不但撲滅了大火，動物的傷痛也得到醫治，恢復了元氣。一隻小小鸚鵡的誠心投入，戰勝了猙獰的熊熊烈火。這是心靈的勝利。

18 喜樂

我們的自然狀態

有沒有一種人可以稱爲喜樂專家的？我相信有，而在我認識的人當中，最當之無愧的就是羅貝托．阿薩吉歐力，綜合心理分析的創始人。他之所以是專家，是因爲他研究喜樂，而最重要的是，他將喜樂賦予了具體形象。我遇到阿薩吉歐力的時候，他白髯蒼蒼，就像個仙風道骨的老拉比。他的房間四壁都是書，桌上放著一個渾天儀，標示著天空所有的星宿。他就像個典型的智慧老者。而眞實世界裡他是個精神學家，第一位將心理分析引介到義大利的人就是他。不過他不以心理分析爲足，因爲這種分析太側重病理學。阿薩吉歐力對人格的正面特質也深感興趣，例如美、愛、信心、和諧、安祥、喜樂。對他來說，一個人眞正的精髓在於知覺的一個中心點，遠比任何苦痛或絕望的感受更深。這是一個優游自在的所在，找到了這個中心點，喜樂於焉滋生。那是我們的自然狀態，與生俱來的本能。

這本書傳達的觀念，不少是我從阿薩吉歐力身上學來的。他有一大堆筆記，每種人格特質都有專屬的一個或多個檔案。對他來說，這些特質並不是抽象的觀念，而是有血有肉的生靈，就跟我們一樣。既然特質有血有肉，我們就能互相見面、彼此作伴。這些特質會將它們特有的音律澆灌給我們，給予我們激勵、引導和啓發。

我頭一次聽到這樣的說法，眞是難以置信。對我來說，沉靜或勇氣這類屬於心靈的人格特質不過是個概念罷了。它或許是很好的概念，也或許只在傳道說教或是下斷語的時候才有用，例如：「你一定很勇敢，」或是「你應該冷靜下來。」可是對阿薩吉歐力來說，和某個人格特質產生聯繫是親身體驗，每分每秒都眞實得跟吃冰淇淋或散步無異。不久我就發現，這些都是他生活的一部分。那是一個我完全陌生的世界，也是這個物質爲尙的文化視若無睹的世界：一個充滿幽微和主觀的認知、能量可以互相交流的世界。我慢慢體會到，每個人都在散發自己的本質。我們可以散發衝突和氣憤，也可以散發和諧與安寧。每個人週遭都有個能量磁場，一個能與他人能量產生互動的「氛圍」。這就是爲什麼每當阿薩吉歐力踏進房間，每個人都會突然心情很好。

一開始，我還以爲自己回歸到一個魔法和萬物有靈說（譯按：一種原始信仰，主張自然現象以及有生物、無生物均有天賦的靈魂）的世界。可是阿薩吉歐力的主張不是這樣。他的意思是，這些眞實存在的東西可以拿來研究，一如我們研究電磁波；雖然我們看不見它，它還是能傳達聲音、影像，因此也能傳達想法、感情，就像電視一樣。因此，每當冥思完畢，阿薩吉歐力就會提議大家進行「傳耀」（irradiation）的技巧，這是數百年來多種傳統心靈信仰都有的一種祈福儀式。冥思的時候，我們周身會充滿新的正面能量，如果全部據爲己有，不分給他人，會有心靈消化不良之虞。發散出去給他人，對我們有好處。所有的好東西都必須流通，而非囤積。阿薩吉歐力用的是這則佛教教示：眾生有愛，眾生有情，眾生喜樂，眾生安寧。

有一天，我和他一起靜坐冥思。我們閉著眼睛，雙雙達到了「眾生喜樂」的境界。我張開眼睛看著阿薩吉歐力。他正聚精凝神地靜坐，整個人沉浸在喜樂當中。我想，我從來沒看過有人散發出如此顯明而濃烈的喜樂。而這人竟然做到了，一個在戰爭時期慘遭迫害、經歷過喪子之慟、因爲想法新奇而備受奚落的人。我帶著科學的好奇眼光望著他，可是不久那股喜樂也觸動了我；我觀察著他，感到自己內心開始翻騰。阿薩吉歐力雖然閉著眼，但他一定感覺到我在看他。他睜開眼，對我凝視。那是絕美的一刻，我終於體會到，兩個人可以在喜樂中遇合。這種喜樂無須費力達到，也無須外力推動，或是說理求證。那是生之喜悅。

從那天起，這幾乎成了我們之間的一個儀式。不著任何言語，每當我和阿薩吉歐力一同靜坐冥思，就在達到「眾生喜樂」的那一剎那，我們都會張開眼睛，在那樣的波長下相遇。那是我受過最寶貴的教誨。爾後，我也曾失去喜樂，又多次失而復得。我從不認爲我可以永遠擁有喜樂，或是刻意營造喜樂。一如所有人，我也常徘徊在憂傷和不信任的深黑幽谷裡，可是，有一樣東西永遠變得不一樣了。喜樂始終是個常態，充滿了神奇的可能。

喜樂，或者至少是一種樂觀、快樂的心態，是仁慈的核心。想想看，當你接受別人不情不願的仁慈行爲，你心裡會怎麼想。比如說，讓你搭便車回家，可是一路上都臭著臉。替你準備餐食，嘴裡老是提醒你他爲你付出的一切。幫你找到遺失的鑰匙，順便來頓教訓，責怪你怎麼那麼粗心。沒有人喜歡這樣的仁慈。因爲，眞正的仁慈是快樂的付出。你起碼要感到有點歡喜，否則你不可能仁慈。

不過很多人不以爲然，而且正好相反，他們常將喜樂視爲是膚淺或是某種形式的自負。我認識一個人，在醫院急診室當義工。在佛羅倫斯，慈善公益工作是個歷史悠久的光榮傳統。古時的慈善工作者一身黑衣，甚至披上斗篷，以免被人認出。我們伸出援手或予人寬慰，純粹是出於道德義務，不是爲了得到他人的感激或好處，所以應該隱姓埋名，這種觀念無可厚非。只是這人去參加迎新會，當他和其他新人被問及爲什麼來當義工的原因，他回答：「因爲服務帶給我喜樂。」聽到這句話，一個資深義工立刻眉頭一皺，給了他一個意味深長的譴責目光。

那個目光說，你來這裡可不是爲了滿足你個人的利他需求。服務，一定要奠基在犧牲之上。那人皺眉或許不無道理。眞正的利他行爲和主流價值觀念是衝突的，我們說不定得放棄一些對自己有利的好處，例如休息、舒適、自己的時間。問題是，你喜歡接受一個犧牲者的服務，還是喜歡被一個樂在服務的人幫忙？

毫無疑問，快樂的性情是仁慈的構成因素之一。而幽默是快樂的近親，是看得出人生的荒謬和矛盾而不把它看得太嚴重的能力。幽默的人情緒不會起伏不定，對日常生活中的光怪陸離也百毒不侵。自從作家諾曼．卡森（Norman Cousins）斯靠著觀看馬克斯兄弟（Marx Brothers）的錄影帶醫好了自己的僵直性脊椎炎，關於幽默這項神奇特質的療效和鼓舞作用的研究有如百花齊放。例如，有的研究發現幽默能讓我們更有創意：剛看過卡通影片的受試者在解決某個現實問題方面比一般人要快。還有研究發現，幽默能舒緩生理的疼痛，這可不是一樁小功德。

我們還知道，幽默能強化免疫系統、降低血壓、紓解壓力。多麼神奇！不過，我們最好別分析太多，夸夸其談。很久以前，我犯了一個錯誤，竟然針對幽默開了一整套研習課程。那是我開過最令人喪氣的課。馬克．吐溫說：「研究幽默有如解剖活青蛙，到頭來還是死青蛙一隻。」在此我只想說個我很喜歡的故事。那是我遇到禪學大師鈴木大拙的事情，地點在大師位於加州塔撒加拉山的禪山禪修中心。我們的遇合只是一個眼神。當時我和其他學員及徒眾在靜思堂剛做完禪思練習，大師隨即開示。整整盤腿兩個小時了，我好想出去走走，活動一下筋骨。我的座位離門口很近，所以當仁不讓第一個踏出大門，隨即立刻察覺，我違反了寺廟一個嚴格規矩：大師先走，其他人才能跟隨。多大的錯誤！可是太遲了。鈴木大師走出大門，經過我身旁時看了我一眼。在我看來，那對眼睛有如日本老畫片上發怒武士的眼神，可是同時（別問我他是怎麼辦到的，我自己也想不通）又透著開心，彷彿被這個拙笨的生手逗得好樂。他好像在說：別擔心，沒關係。這就是這位聖者的幽默，寧靜而開心。他靜觀戲劇般的人生，深知幻影般的輪迴中帶著涅槃的極樂。

我們且回頭談談快樂這個常見的題目。快樂比較容易討論，因爲雖然一樣難以捉摸，不過它關乎我們生命的基本重心。關於快樂的理論概分兩派。第一派認爲感官之樂到達極致的時候，快樂也隨之而來，享樂主義是也。另一派則主張，只要尋得了人生意義就會快樂，即使是歷經努力和挫折之後。這就是幸福論，源自希臘文的daimon，意思是眞正的自我。我認爲幸福論較有信服力。重要的是我們相信什麼。喜樂滋生，是因爲我們的生命有意義。

密海利．奇克森特米海伊（Mihaly Csikszentmihaly）教授發現，感官之樂本身並不足以達到喜樂。在他對「心流」或稱「最優經驗」的研究中，他紀錄了數種大部分的人在一天不同時間內的心情狀態。這些人什麼時候感到暢快，也就是什麼時候心流在活動？大體而言，他們最快樂的時候不是在海灘放鬆或大啖美食的那一刻，而是在整個人渾然忘我於某種需要紀律、專注、熱情的活動之際。無論是下棋、拉小提琴、讀哲學書、跳舞，都讓生命有了意義。

不過，重要的不僅是酣暢的那一刻，我們每天都得隨身攜帶的基本心境也舉足輕重。這裡的基本問題是：我們究竟是樂觀還是悲觀？很多研究顯示，樂觀的態度對健康有多重好處。馬丁・沙利格曼（Martin Seligman）在以此爲主題的著作中說，演說中善用樂觀字眼的政客比較容易勝選，就像樂觀的運動員比較容易成功一樣。新近的研究潮流以及方興未艾的「正向心理學」，已將大眾目光吸引到這個主題上。瑪育診所的一個研究顯示，在三十年前受測試的八百三十九個人當中，被歸類爲悲觀的人三十年後的死亡率比樂觀組要高出四成。一般而言，樂觀的心態可以增益免疫系統的功能，免於罹患心肺疾病。簡單一句話，樂觀的人日子比較愉快，醫藥帳單比較沒那麼厚。

不過，不用研究佐證我們也知道，喜樂的滋味眞好。問題是，怎麼樣才能得到喜樂？或是至少要問，我們該如何才能變得樂觀一點？我想這不是很難（我很樂觀），至少下面兩個簡單步驟是人人都做得到的。第一，自我分析是必要的。其實無須深究，大多數的人輕易就能列出數種讓我們無法享受生活的障礙：完美主義、揮之不去的罪惡感、把事情看得太認眞，或是老想著人生的悽慘不如意。你會驚訝地發現，光是自覺到我們多麼善於自我摧殘就足以鬆解這些專事離間破壞的心態。畢竟，我們畢生追求的就是快樂。如果嬰兒的母親不對他們微笑，而以一無表情的面孔代之，嬰兒會惶惶不安，以哭聲抗議。他們要的是微笑，不是一張撲克臉。有句話阿薩吉歐力常掛在嘴邊：我們生來就是爲了快樂。我認爲他說的沒錯。

話說回來，我們爲了讓自己「不」快樂，簡直是不遺餘力。我們每每發現，自己害怕快樂。這未免荒謬，我們爲什麼要害怕自己最渴望的東西？害怕喜悅快樂原因不一而足，第一，我們覺得自己不値，因爲快樂應該是那些辛勤多年的人才配享有。另外，快樂似乎太輕浮了；世上有那麼多的痛苦，我們怎敢快樂？還有，我們害怕一旦停止受苦、開始享受會被他人忌妒，最後變得與眾不同而備感孤單。我們也怕體會到眞正的喜樂後卻難持久，食髓知味後的失去會讓我們更不快樂。最後，我們害怕快樂是因爲怕沖昏頭：快樂的力量太大，可能把我們撞得粉碎。

第二種趨近喜樂的方法更簡單了：自問什麼東西能讓我們快樂。這是個好問題，只是我們鮮少自問。說也奇怪，有時候一個好問題可以改變人生。什麼事情能讓你快樂呢？欣賞大自然之美、花時間和心愛的人在一起、從事體能活動、讀一本書、彈奏音樂、重新發現孤獨。這個問號的答案有無數的可能，有的極其遙遠，有些卻近得出奇，只是舉手之勞。我相信，大部分的人和喜樂之間的距離不會超過二十四小時——喜樂就近在身邊，伸手可及。當然，有些人或許需要多一點時間。而我們需要克服的最大疑慮是：追求一己的喜樂，會不會因此減損了他人的快樂。事實上，自利和利他可以爲友，不必是仇敵。藉由尋求喜樂，我們會更積極主動，對他人也更能開門相迎。我們會變得和他們同一陣線。諸多研究顯示，快樂的人更願意利於他人，而顧及他人利益的人也比較快樂。例如，當義工的人通常要比一般人快樂，心理也更平衡。

再者，如果我們和週遭的人關係變好，我們的快樂也會多出幾分。多項研究顯示，人際關係的品質（不是數量）是幸福感的泉源之一，而健康、活力和正向情緒或多或少也與人際的和睦成正比。最有可能快樂並能尋得無限喜樂的，正是那些心裡有別人、願意參與他人生命、減輕他人苦痛、認爲大家都是生命共同體的人。

自我本位和利他思想不一定要針鋒相對。只要了解眞正能讓自己豐富和啓發的是什麼，我們就能爲別人帶來助益。要將仁慈帶入生活，必須從這點出發。想想看，我們怎麼可能一面以怨苦荼毒自已、私心忌恨別人幸運、抱怨我們要什麼沒什麼、悲歎自己的不如意、暗自打算報復，同時又心存仁慈？因此，首要之務是找出能帶給我們喜樂的事物來。這是所有人的基本功課。心有喜樂，我們的人際關係才可能柳暗花明又一村，更順暢、更美麗，也更有活力。

重點在於動機澄明，一無雜質。同樣的仁慈行爲，沒有私心的人要比私自希冀有所回報的人更容易感受到喜樂。「這麼做對我有什麼好處？」這個問號令我們分神。我們會擔心希望落空、上當受騙、善舉沒人看見而一無所得。這麼一來，我們就很難樂在其中。東方有一則古老神話。有個人樂善好施，而且動機無私無我。上帝想獎賞他，於是派一個天使去找那人，無論他想要什麼，都要讓他如願以償。天使於是現身在那人眼前，告訴他這個好消息。那人的回答是：「噢，可是我已經很快樂了。我想要的都有了。」天使說，跟上帝打交道最好識相點；祂老人家想給你禮物，你最好接受。仁慈的人就說：「那麼，我希望所有和我接觸的東西都欣欣向榮。不過不要讓我知道。」從那一刻起，仁慈的人不管去什麼地方，枯萎的花草再度盛開，奄奄一息的動物變得強壯，病弱的人不藥而癒，悲苦的人負擔頓減，作戰的人開始謀和，困難纏身的人問題迎刃而解。而這一切仁慈的人都不知道——那些事永遠發生在他身後，絕不發生在他眼前。不帶期望，沒有驕傲，渾然不知可是心滿意足的他就這樣行遍世界，把快樂散播給所有的人。

結語

仁慈是如何發生的？

我九歲的兒子喬納遜放學回家，一副得意洋洋。「你今天做了什麼？」我問。「我們到公園去大掃除。我們戴上特別的手套，把舊報紙、塑膠吸管、空罐空瓶、橘子皮、香菸菸頭都收在一起。有個穿奇怪衣服的人先我們一步，把針筒拿走了。我們離開的時候，公園裡乾乾淨淨。」

有些父母或許不以爲然，可是我要向那些老師致敬，因爲他們給了喬納遜和同學一個服務他人的機會。這是沒有回報，純純粹粹的服務之樂。他們給了這些學生一個仁慈的機會。

自動自發清掃公園、海灘，這些世上很多團體都在做的事，就是仁慈的精髓。這不僅是因爲它不涉私利、有益眾人、增進生活品質、讓做事的人快樂，也因爲它是針對當今迫在眉睫的需求或問題的一個有效回應。而這正是仁慈的特色：有人渴了你給他水喝；有人心灰意冷，你爲他加油打氣；公園到處是垃圾，你就去清掃乾淨。

施展仁慈的機會俯拾皆是

生命自有成人之美，我們只須看到表達仁慈、培養仁慈的機會就好，就像注視著一堆會造成錯覺的畫，只要對某個混亂的畫面凝視夠久，你就會看見一個渾然天成的影像浮現。我們唯一要做的是舉目四望，別去看那些乏味的例行工作或是接連不斷的急務責任，自會發現施展仁慈的機會。它以各種樣貌不斷浮現，我們只須付出多一點注意。

俄國文豪托爾斯泰寫過一個故事。一個窮鞋匠在夢中聽到耶穌對他說：「我今天會去找你。」鞋匠醒來後就去工作。那天他碰到一個飢餓的年輕女人，他給她東西吃。一個路過的老人凍得發抖，他請老人進屋取暖。之後他又照顧了一對落難的母子。他做這些事完全不假思索，想也沒想就做了。一天過去，鞋匠臨睡前想起昨晚的夢，心想那個夢並沒有實現，因爲他並沒有碰到耶穌。這時他耳邊響起耶穌的聲音：「親愛的朋友，難道你不認識我？我就是那個女人，也是那個老人、那個小孩和他的母親。你已經見到我，而且幫助了我。一整天我都陪在你身邊。」

是的，仁慈就在我們眼前。扶傾濟弱或是伸出援手的機會無時不有，只要我們順勢而爲做出回應，就是證驗了生命最眞的感情和最高的價值。

仁慈的方法因人而異

有人打電話給寂寞的朋友，有人爲學生講解難懂的課業。有人送你自家菜園裡剛摘的青菜，或是在擁擠的候診室對一個小孩微笑。有人看你手上大包小包，候住門等你進來；有人畢生奉獻於窮苦，爲他們解飢救渴。

我認識一個熱愛動物的女人。她到處餵流浪貓吃東西，又去動物收留所認養狗，免得那些狗因爲沒有主人而遭到安樂死的命運。她的公寓有個房間專門用來養鳥——她不把鳥關在鳥籠裡，任由牠們飛翔。有一天，她帶了一隻松鼠回家。松鼠從她的手上逃脫躲進一個櫥櫃，她還是每天餵牠東西吃。松鼠白天躲起來，晚上到處亂跑，有時候還跑到她的睡床上。這樣的室友並不容易相處，可是如果將松鼠放生無異於判牠死刑，因爲牠不習慣野外謀生。過了一陣，我問她問題解決了沒。「解決了，」她說。「我想那隻松鼠太孤單了，所以替牠買了一個伴。現在，我家有兩隻松鼠橫行霸道。」對你我來說這或許是個惡夢，她卻深情不渝。

因此，有攝影師去育幼院替孤兒照相，因爲照片照得好比較容易被人收養。年輕的音樂家到療養院去爲老人演奏樂曲。一個老人四處發送玩具，還送到有小孩的人家門口。我看過有人在寒冬的早晨，拿著三明治和熱飲給無家可歸的遊民吃。更有許多人做著和我們沒有兩樣的平凡事——開車載孩子上學、工作、煮飯、接電話、掃地。他們做這些事的時候心懷仁慈。是的，仁慈的方法不計其數。而我們必須找到最契合自己、最有共鳴的那種。

只是，我們絕不能因爲內咎或不得不爲而仁慈。我們的要務，是發掘自己最勝任的事，能帶來滿足甚至喜樂的事。這是關鍵所在。要還我們本來面目，仁慈是最容易的方法。

不過，有時候我們並不知道自己的本來面目，而仁慈有助於我們發現。維吉尼亞·沙蒂爾曾將自我價值比喻成鍋子。鍋裡裝了什麼？食物、垃圾、還是什麼都沒有？而我們內心又裝了什麼？安全感、智慧、美麗的回憶、積極的心態、快樂的感受？還是罪惡感、羞慚或怒火？我們有什麼東西可以拿出來給人？仁慈讓我們面對這個問題，也因而發掘出說不定我們並不自知的內在資源。話說回來，這些資源是人類一向都擁有的，因爲它們是人類進化之憑藉：關照他人、交流合作、歸屬感、有福同享、他人有難自己感同身受。只要將這些能力集中於一，我們的自我形象就更正面，也更完滿。或許我們還不知道，也或許已經忘了，可是事實就在那裡：我們已經變得仁慈。

仁慈不單有助於觸及自我，也讓我們將目光聚焦在他人的福祉上。每個人都是互依共存的。在印度教主神因陀羅的天界裡有無數個光域，每個都會照耀到其他光域，也因此互爲輝映。我們就像這些光域，或多或少都包含他人在內。只要觀照內在，我們就會知道自己對這個星球發生的事無法自外，也一定會有情感反應。多少億的人在受苦、挨餓、遭受不義的迫害。地球的問題無止無盡，我們該如何與之共存？

我們對這些問題的回應，賦予了生命意義，我們因此不虛此生。舉個具體例證，想想看，九一一恐怖攻擊事件後，你的生活有了什麼樣的改變。它對你的思維有些什麼樣的觸動？而當你走在街上、出門旅行、哄小孩上床，心裡感受又是如何？身為心理治療師，我在工作中接觸的團體和個人在在驗證了這樁全球大事對人心的深切影響。我想到世上多少令人痛心的慘事。而不管喜不喜歡，它們常在我們心底迴盪：

- 飢餓。當你知道每年有一千五百萬個兒童死於飢餓或營養不良，你怎能心平氣和地坐下吃東西？
- 戰爭。有些戰爭發生在攝影機前，也有一些同樣慘烈的戰爭在我們不知不覺中進行。而無論什麼樣的戰爭，都留下苦難、仇恨、傷痛、報復心切的後遺症。
- 不義。剝削兒童、壓榨成人、宗教盲信、極權主義、政治迫害、酷刑折磨，世上存在著多少令人髮指的事。
- 污染。地球備受虐待欺凌；大地之母孕育我們，我們卻割捨了聯繫她的臍帶。

- 荒原。多少人迷失了自己的靈魂，不是惶惶逃向消費主義這個怪獸的懷抱，就是失落在沮喪抑鬱的迷霧中。

這些禍難每天都以林林總總的方式觸動我們，沒有人能視若無睹。可是天下的難題太多太廣，除了幾個卓爾不凡的人有能力起而行動、激勵眾人以力挽狂瀾外，你我這樣的市井小民連隔靴搔癢都不敢想。但是，任何人都可以在內心選定一個立場抵擋這樣的禍難——這個立場隱含著抉擇：我們要做個什麼樣的人。天災人禍無論如何都會發生。我們勢必要與這些巨大的難題共存，而且每個人對它總得採取個態度。或許爲了不撩起內心的痛苦，我們選擇視而不見以爲防衛。或許我們感到歉疚。也或許，我們可以基於使命感，做出若干對社會和政治的承諾。仁慈，就是選定一個立場。仁慈本身無濟於事；我們的仁慈行爲有可能什麼效果也沒有。捐錢去救濟飢餓，說不定被不當地挪做他用。扶一個老太太過馬路，不能讓某個遙遠國度的貧窮消弭於無形。在海灘上檢起一個塑膠瓶罐，明天還會出現十個。沒關係。我們已經肯定了一個原則——一種生活方式。

微觀世界就是整體宇宙，這樣的體認也很重要。一個人就是全世界。一如多位神祕學派學者和預言家指出的：以某種奧祕又微妙的方式，每個個人都是所有他人的具體縮影。不過我們若能爲另一個人的生命帶來些許寬慰和福祉，這已經是場勝利，即使聲音不大、力量微渺，也是對地球苦難的一種回應。這是個起點。

唯有集眾人的參與和自動自發，外加深刻的文化變革，整個人類的問題才可能解決。不過，如果因此把仁慈視爲微不足道，那是短視。仁慈不僅有能力拯救人類，而且現在正在發揮功能。你可曾自問，爲什麼這個世界到現在還沒有瓦解？如此錯綜複雜的體系結構竟然沒有沉淪到全面混亂失控，確是奇蹟一樁。每天郵差照樣送信。紅綠燈正常無誤。火車準時開動。報紙總會出現在報攤。我們想吃什麼都買得到。絕大部分的兒童沒有變成流浪兒。打開水龍頭就有水流出。一按開關電燈就開。這一切，都要拜無數個人的辛勤工作之賜。沒錯，事關謀生，可是這個世界依然運轉，也是因爲他們的善心、願意讓每個人方便的想望所致。這都要感謝他們的——也是我們的——仁慈。

從這個觀點來看，眾人的仁慈和善心就是一股資源，一種堪與石油、水力、風力、核能、太陽能比擬的能量。只要更加注意，找到發揚它運用它的方法，爲它開訓練課程、排進學校教學、在電視上公開促銷、廣告中多多利用、蔚爲時尚風潮，它會有無窮的效用。

果眞如此，不久我們不只會發現無限的生理、心理、情感、社會利益因仁慈而生，而且在面對日常生活的叢林時也更強壯、更遊刃有餘。我們會體認到，仁慈是一條通往解放的道路。達賴喇嘛有一段話是極好的總結：

> 我發現最多的內在寧靜是來自愛與同情的擴散。我們越是關心他人的快樂，自我感受到的快樂就越多。爲他人耕耘一份親密而溫馨的感受，自然而然會讓我們心安理得。這有助於袪除恐懼或不安，給予我們力量去面對任何橫逆。它是人生成功的終極源頭。

要從囚禁我們的重負和窒礙當中解放出來，仁慈是途徑之一。印度聖者雷馬克利斯那說過一個故事。一個女人去看許久不見的朋友。進門後，她發現朋友收集了好多彩色線軸，五彩繽紛，琳瑯滿目。她抗拒不了這些收藏的誘惑，趁著朋友去到另一個房間，她偷了幾個線軸藏在腋下。可是她的朋友注意到了。她沒有責怪她，反而提議到：「好久沒見面了，一起跳舞慶祝吧！」女人尷尬萬分又不好拒絕，而爲了不讓腋下的線軸穿幫，她跳得僵僵硬硬，有如木頭人。主人勸他放鬆雙臂，手腳並舞，她回答：「我不能。我只能這樣跳。」雷馬克利斯那以這則故事比喻解放。解放，就是不再執著於擁有，不再抓著我們的角色和觀念不放，不再固執於己念。放下吧。如果我們仁慈，就能對他人多幾分關心，受自我本位及它的暴政奴役的機會也就少幾分。焦慮沮喪的怪獸會少幾個勾爪，因爲過度注意自己而衍生的包袱和屏障也會消失。

說來奇怪，甚或弔詭，不過這是事實：要增益我們的好處、找到一己的自由、窺見快樂的堂奧，最明智的方法往往不是直搗目標孜孜追求，而是關照他人的利益，幫助他人解除恐懼和痛苦，爲「他人」的快樂貢獻心力。歸根究底，道理簡單之至：仁慈待人和仁慈待己之間並無取捨可言，因爲兩者是同一件事。

國家圖書館出版品預行編目 (CIP) 資料

仁慈的吸引力 /Piero Ferrucci 著 ; 席玉蘋譯 . -- 三版 . --
臺北市 : 大塊文化出版股份有限公司 , 2021.01
面 ; 公分 . -- (Smile ; 66)
譯自 : Survival of the Kindest
ISBN 978-986-5549-33-6(平裝)

1. 自我實現 2. 生活指導

177.2 109020458

LOCUS

LOCUS

LOCUS

LOCUS